Das Aus für HR!

Warum People Experience die Zukunft ist!

Aus Aus für HR!

Warum People Experience die Zukunft ist!

Der Ratgeber
zur Gen Z in New Work!

Bibliografische Information der Deutschen Nationalbibliothek: Die Deutsche Nationalbibliothek verzeichnet diese Publikation in der Deutschen Nationalbibliografie; detaillierte bibliografische Daten sind im Internet über dnb.dnb.de abrufbar.

© 2024 Mirko Schumann

Verlag: BoD · Books on Demand GmbH, In de Tarpen 42, 22848 Norderstedt

Druck: Libri Plureos GmbH, Friedensallee 273, 22763 Hamburg

ISBN: 978-3-7597-8485-8

Inhaltsverzeichnis

Inhaltsverzeichnis

Inhaltsverzeichnis

Inhaltsverzeichnis

KAPITEL 1:

Vorwort

1.1 Vorwort

Die Arbeitswelt verändert sich – nicht langsam, sondern radikal und unwiderruflich. Das betrifft nicht nur einzelne Unternehmen oder Branchen, sondern alle, die mit Menschen arbeiten und sie führen. Während der Fachkräftemangel wächst und die Babyboomer in den Ruhestand gehen, steht eine neue Generation bereit: Die Generation Z. Doch diese jungen Talente sind anders als alles, was wir bisher kannten. Sie fordern Sinn, Impact und Respekt. Sie wollen keine starren Hierarchien oder veraltete Regeln – sie wollen eine Arbeitswelt, die mit ihren Werten und Bedürfnissen im Einklang steht. Und genau hier liegt die Herausforderung: Wer die Gen Z nicht versteht und sich nicht auf sie einlässt, wird weder die besten Talente gewinnen noch die eigene Zukunft sichern können.

Als ich selbst in den Arbeitsmarkt eingetreten war, hatte ich schnell gemerkt, dass viele Unternehmen noch in den Strukturen der Vergangenheit gefangen sind. Während meiner Zeit als Angestellter – auch immer mit Führungsverantwortung – konnte ich nie das umsetzen, woran ich glaubte. Die Vorstellungen meiner Vorgesetzten über Führung und Kultur passten nicht zu meinen eigenen Überzeugungen. Ich habe in kleinen, inhabergeführten Unternehmen gearbeitet, wo die Machtverhältnisse klar verteilt waren. Doch genau diese starren Strukturen, diese Ablehnung von Veränderung, haben mich dazu bewegt, diese Unternehmen zu verlassen. Es war nicht die Arbeit selbst, sondern das Unverständnis für die Bedürfnisse der Menschen. Diese Erfahrungen haben mich dazu inspiriert, dieses Buch zu schreiben.

Die klassische „Human Resources"-Abteilung, wie wir sie kennen, hat ausgedient. HR ist tot. Mitarbeitende wollen nicht mehr verwaltet oder als Ressourcen betrachtet werden. Sie wollen gesehen werden – als Menschen mit individuellen Stärken, Wünschen und Zielen. Unternehmen müssen weg von der reinen Verwaltung und hin zur „People Experience", die den Menschen und seine Erlebnisse in den Mittelpunkt stellt. Das ist keine bloße Modeerscheinung, sondern eine Notwendigkeit. Wer weiterhin nur Prozesse optimiert, ohne die Menschen dahinter zu sehen, wird im Wettlauf um die besten Talente den Anschluss verlieren.

Dieses Buch ist mehr als nur eine Analyse der Herausforderungen, die vor uns liegen. Es zeigt auf, warum Unternehmen jetzt handeln müssen, wie sie sich anpassen können und welche konkreten Schritte nötig sind, um die Generation Z zu verstehen, zu gewinnen und zu halten. Es liefert nicht nur theoretische Hintergründe, sondern auch praktische Ansätze, die du sofort umsetzen kannst.

Doch Theorie allein reicht nicht aus. Deshalb habe ich die GEN 'Z1 Academy gegründet. Während dieses Buch die Grundlagen legt, zeigt die Academy, wie Unternehmen den Wandel tatsächlich gestalten können. Schritt für Schritt erfahren die Teilnehmenden, wie sie eine authentische Arbeitgebermarke aufbauen, den Übergang von HR zu PX vollziehen und eine Arbeitskultur schaffen, die nicht nur die Generation Z begeistert, sondern das gesamte Team inspiriert.

Mein Wunsch ist, dass du als Leser:in dieses Buches nicht nur Antworten findest, sondern auch neue Fragen stellst. Fragen, die dich dazu motivieren, über den Status quo hinauszudenken und mutig zu sein, neue Wege zu gehen. Denn die Zukunft gehört denen, die bereit sind, sich zu verändern – und mit einer Generation zusammenzuarbeiten, die die Arbeitswelt von Grund auf neu denkt.

KAPITEL 2:

Generation Z: Die Zukunft gestalten

2.1: Einführung in die Generation Z: Wer ist sie?

Die Generation Z – geboren zwischen 1997 und 2012 – steht aktuell weltweit im Fokus von Unternehmen. Warum? Weil diese Generation gerade in den Arbeitsmarkt eintritt und die Erwartungen an Arbeitgeber:innen fundamental verändert. Doch wer ist diese Generation eigentlich? Welche Werte und Bedürfnisse treiben sie an? Und warum lohnt es sich für Unternehmen, sich mit ihr auseinanderzusetzen?

Die Gen Z ist die erste Generation, die komplett im digitalen Zeitalter aufgewachsen ist. Während die Generation X die Digitalisierung in der Mitte ihres Lebens erlebte und die Millennials in eine Übergangszeit geboren wurden, kennt die Gen Z keine Welt ohne Internet. Sie haben mit Smartphones, sozialen Medien und globaler Vernetzung gelebt, seit sie denken können. Informationen sind für sie jederzeit und überall verfügbar. Genau das hat sie geprägt: Die ständige Erreichbarkeit, der schnelle Zugang zu Wissen und die Fülle an Möglichkeiten haben nicht nur ihre Art zu denken verändert, sondern auch ihre Ansprüche an die Welt – und an ihre Arbeitsplätze.

Was macht die Gen Z aus? Zahlen und Fakten geben uns einen ersten Eindruck:

- In Deutschland umfasst die Generation Z etwa 10 Millionen Menschen, was rund 12 Prozent der Gesamtbevölkerung entspricht.
- Eine Deloitte-Studie zeigt, dass 67 Prozent der Gen Z ihre Arbeit nach Sinnhaftigkeit bewerten – deutlich mehr als bei früheren Generationen.
- Gleichzeitig ist die Gen Z karrierebewusst: Laut einer Umfrage von StepStone geben 42 Prozent an, dass sie sich einen klar definierten Karriereweg wünschen.

Doch Zahlen allein erzählen nicht die ganze Geschichte. Die Gen Z ist mehr als nur ein Produkt ihrer Zeit – sie ist eine Generation, die die Welt anders sieht und sich anders in ihr bewegt. Sie sucht nach Purpose, strebt nach Impact und ist bereit, für ihre Werte einzutreten. Arbeit ist für sie kein Selbstzweck mehr, sondern ein Mittel, um persönliche Ziele zu erreichen und einen positiven Einfluss auf die Gesellschaft auszuüben.

Gleichzeitig ist die Gen Z aber auch eine widersprüchliche Generation. Einerseits erwarten sie Flexibilität und Autonomie, andererseits wünschen sie sich klare Strukturen und regelmäßiges Feedback. Sie wollen sich entfalten, aber auch geführt werden. Für Unternehmen mag das wie ein Widerspruch klingen – doch es ist in Wahrheit eine Chance: Wer es schafft, den Spagat zwischen Freiheit und Führung zu meistern, wird bei dieser Generation nicht nur Talente gewinnen, sondern sie auch langfristig binden.

Ein weiterer prägender Aspekt der Gen Z ist ihre starke Orientierung an Diversität und Inklusion. Sie ist in einer Welt aufgewachsen, in der Geschlechterrollen aufgebrochen wurden und kulturelle Vielfalt zur Normalität geworden ist. Für sie ist es selbstverständlich, dass Arbeitsplätze divers und inklusiv gestaltet sind. Unternehmen, die sich diesem Anspruch verschließen, riskieren nicht nur den Zugang zu jungen Talenten, sondern auch ihre Glaubwürdigkeit als moderne Arbeitgeber:innen.

Für die Wirtschaft ist die Generation Z sowohl eine Herausforderung als auch eine enorme Chance. Sie bringt frische Ideen, neue Perspektiven und digitale Kompetenzen in die Arbeitswelt – Eigenschaften, die in einer globalisierten und technologisierten Welt unverzichtbar sind. Gleichzeitig erfordert ihr Eintritt in den Arbeitsmarkt ein radikales Umdenken: Unternehmen, die stur an alten Strukturen festhalten, werden den Anforderungen dieser Generation nicht gerecht und riskieren, zurückzubleiben.

Um die Gen Z zu verstehen, reicht es nicht, ihre Eigenschaften aus der Distanz zu betrachten. Es braucht eine tiefere Auseinandersetzung – mit ihrer Lebenswelt, ihren Werten und ihren Bedürfnissen. Dieses Buch wird dir genau dabei helfen: Es zeigt dir, was diese Generation antreibt, wie sie die Arbeitswelt verändern wird und – vor allem – wie du sie für dein Unternehmen gewinnen kannst.

2.2 Was bewegt die Gen Z?

Die Generation Z ist in einer Welt aufgewachsen, die von Krisen. Wandel und einer rasanten technologischen Entwicklung geprägt ist. Diese Erfahrungen haben ihr Denken und ihre Werte grundlegend verändert. Um die Gen Z zu verstehen, ist es wichtig, die prägender Faktoren ihrer Lebenswelt zu betrachten. Was treibt sie an? Was macht sie aus? Und wie beeinflussen diese Einflüsse ihre Erwartungen an das Arbeitsleben?

Einer der wichtigsten Aspekte ist die permanente Präsenz digitaler Medien. Soziale Netzwerke wie Instagram, TikTok und YouTube sind für die Gen Z mehr als nur Unterhaltungsplattformen – sie sind ein Fenster zur Welt, ein Spiegel der Gesellschaft und oft auch eine Quelle für Selbstinszenierung. Gleichzeitig hat diese ständige Vernetzung aber auch Schattenseiten: Die Gen Z ist die erste Generation, die mit dem Druck der „Likes" und der Vergleichbarkeit aufgewachsen ist. Sie kennt keine Welt ohne Algorithmen, die Aufmerksamkeit messen und verstärken. Diese Realität hat ihre Ansprüche an Authentizität und Transparenz geprägt – sowohl in sozialen Interaktionen als auch gegenüber Arbeitgeber:innen.

Ein weiterer prägender Faktor ist der gesellschaftliche Wandel. Die Gen Z ist Zeuge von Bewegungen wie „Fridays for Future", „Black Lives Matter" und der Diskussionen um Gendergerechtigkeit geworden. Für diese Generation sind Nachhaltigkeit, Diversität und soziale Verantwortung keine abstrakten Ideale, sondern konkrete Erwartungen an Arbeitgeber:innen und die Gesellschaft. Sie möchten in einem Umfeld arbeiten, das Werte lebt, statt sie nur zu predigen. Greenwashing oder bloßes Lippenbekenntnis sind für sie ein rotes Tuch

Auch wirtschaftliche Unsicherheiten haben die Gen Z geprägt. Sie haben die globale Finanzkrise 2008 als Kinder miterlebt und erleben nun, wie Inflation, Wohnraummangel und ein unsicherer Arbeitsmarkt ihren Start ins Berufsleben erschweren. Diese Erfahrungen haben sie vorsichtiger gemacht: Sicherheit ist für die Gen Z ein zentrales Bedürfnis. Gleichzeitig suchen sie nach Stabilität, ohne dabei ihre Unabhängigkeit aufzugeben.

Was sie jedoch wirklich antreibt, ist der Wunsch nach Sinn und Impact. Die Gen Z fragt nicht nur „Was mache ich?", sondern „Warum mache ich es?". Sie will nicht einfach nur Teil eines Unternehmens sein, sondern etwas bewirken – sei es durch ihre tägliche Arbeit, durch die Produkte oder Dienstleistungen, die das Unternehmen anbietet, oder durch dessen gesellschaftliches Engagement.

Diese Generation sucht auch nach einem neuen Gleichgewicht zwischen Arbeit und Leben. Anders als viele ihrer Vorgänger:innen ist die Gen Z nicht bereit, ihre Gesundheit oder ihr Privatleben dem Job zu opfern. Sie will flexibel arbeiten, ihre Zeit selbst einteilen und Arbeit als etwas Positives erleben, das Raum für persönliche Entwicklung lässt. Dabei ist sie durchaus leistungsbereit – aber nur, wenn der Aufwand im Verhältnis zum Ergebnis steht.

Die Werte der Gen Z sind in vielerlei Hinsicht eine Reaktion auf die Herausforderungen ihrer Zeit. Sie streben nach Selbstverwirklichung, Verantwortung und einer besseren Welt. Gleichzeitig tragen sie Widersprüche in sich: Sie wollen Sicherheit, aber auch Freiheit. Sie suchen Flexibilität, erwarten aber klare Strukturen. Für Unternehmer bedeutet das, dass sie den Spagat zwischen diesen Bedürfnissen meistern müssen.

Die Gen Z ist keine homogene Masse. Sie besteht aus Individuen mit unterschiedlichen Hintergründen, Perspektiven und Zielen. Doch eines ist klar: Diese Generation wird die Arbeitswelt verändern – ob Unternehmen darauf vorbereitet sind oder nicht. Wer sich die Mühe macht, die Gen Z wirklich zu verstehen, kann von ihren Ideen, ihrer Innovationsfreude und ihrem Wertebewusstsein enorm profitieren.

2.3 Die Werte der Gen Z

Die Werte der Generation Z sind tief verwurzelt in den Erfahrungen und Herausforderungen ihrer Zeit. Sie sind das Ergebnis einer Welt, die sich ständig verändert – eine Welt, die Chancen und Risiken gleichzeitig bietet und klare Positionierungen erfordert. Diese Werte prägen nicht nur ihre Sicht auf das Leben, sondern auch ihre Erwartungen an die Arbeitswelt. Wer die Werte der Gen Z versteht, kann gezielt darauf eingehen und diese Generation für sich gewinnen.

Nachhaltigkeit und Verantwortung gehören zu den zentralen Werten der Gen Z. Sie haben hautnah miterlebt, wie der Klimawandel, soziale Ungleichheit und wirtschaftliche Instabilität globale Krisen ausgelöst haben. Nachhaltigkeit gehört für sie zum Fundament eines verantwortungsvollen Handelns und wird als unverzichtbarer Bestandteil eines modernen Unternehmens erwartet. Sie erwarten, dass Unternehmen ihrer Verantwortung gerecht werden und konkrete Maßnahmen ergreifen, um die Welt nachhaltiger und gerechter zu gestalten. Ob es um den ökologischen Fußabdruck eines Unternehmens geht oder um sein Engagement für soziale Projekte – die Gen Z will Ergebnisse sehen und nicht nur Worte hören.

Authentizität und Ehrlichkeit sind weitere zentrale Werte dieser Generation. Die Gen Z hat gelernt, hinter die Fassaden zu blicken. In einer Welt, in der alles inszeniert wirkt, sind sie besonders empfänglich für Ehrlichkeit. Unternehmen, die sich als authentisch und transparent präsentieren, schaffen Vertrauen und punkten bei dieser Generation. Wer hingegen durch Greenwashing oder leere Versprechungen auffällt, verliert schnell an Glaubwürdigkeit – und damit auch an Attraktivität als Arbeitgeber:in.

Flexibilität und Individualität spiegeln den Wunsch der Gen Z wider, sich selbst zu entfalten und das Leben nach ihren eigenen Vorstellungen zu gestalten. Sie erwarten Arbeitsplätze, die diesen Freiraum bieten, und Arbeitgeber:innen, die auf ihre individuellen Bedürfnisse eingehen. Dabei geht es nicht nur um flexible Arbeitszeiten oder die Möglichkeit, remote zu arbeiten, sondern auch um die Freiheit, eigene Ideen einzubringen und Verantwortung zu übernehmen.

Sinn und Impact sind Werte, die besonders stark mit der Arbeitswelt verknüpft sind. Die Gen Z fragt: „Was bewirkt meine Arbeit?" und „Wofür steht mein Arbeitgeber?" Sie wollen in Unternehmen arbeiten, die eine klare Vision haben und sich für Themen einsetzen, die über den reinen Profit hinausgehen. Der Wunsch, mit der eigenen Arbeit einen Unterschied zu machen, ist für diese Generation elementar.

Diversität und Inklusion gehören ebenfalls zu den Grundpfeilern der Wertewelt der Gen Z. Für sie ist Vielfalt keine Forderung, sondern eine Realität, die sie täglich leben. Sie erwarten von Unternehmen, dass sie eine Kultur schaffen, in der alle Menschen unabhängig von Geschlecht, Herkunft oder sexueller Orientierung respektiert werden. Diversität ist für sie nicht nur ein Zeichen von Modernität, sondern ein essenzieller Teil der Unternehmensidentität.

Diese Werte sind keine Idealvorstellungen. Sie sind Forderungen, die die Gen Z aktiv an ihre Arbeitgeber:innen stellt. Unternehmen, die sich an diesen Werten orientieren, schaffen nicht nur ein attraktives Arbeitsumfeld, sondern auch eine Basis für langfristigen Erfolg. Denn die Werte der Gen Z sind mehr als nur Trends – sie sind ein Spiegel der Welt, in der wir leben, und der Welt, die die Gen Z gestalten möchte.

Die Herausforderung für Unternehmen besteht darin, diese Werte nicht nur zu kennen, sondern sie in die Unternehmenskultur zu integrieren. Das bedeutet, dass Nachhaltigkeit nicht nur in Marketingkampagnen auftauchen darf, sondern in der gesamten Wertschöpfungskette gelebt werden muss. Es bedeutet, dass Diversität nicht nur auf dem Papier existiert, sondern im Arbeitsalltag spürbar ist. Und es bedeutet, dass Sinn und Impact nicht nur Floskeln bleiben, sondern durch konkrete Handlungen und Projekte untermauert werden.

Wer diese Werte versteht und authentisch lebt, wird nicht nur die Generation Z für sich gewinnen, sondern auch die Weichen für eine nachhaltige, innovative und zukunftsfähige Unternehmenskultur stellen.

2.4 Die Suche nach Purpose und Impact

Für die Generation Z ist Arbeit mehr als nur eine Möglichkeit, den Lebensunterhalt zu verdienen. Sie ist ein Ausdruck ihrer Werte, ihrer Ziele und ihres Beitrags zur Gesellschaft. Während frühere Generationen Arbeit oft vor allem als Pflicht sahen, will die Gen Z darin einen Sinn finden – einen „Purpose". Doch was bedeutet das eigentlich? Und warum ist es so wichtig, diese Suche nach Purpose und Impact ernst zu nehmen?

Purpose beschreibt den Sinn und die Bedeutung, die hinter einer Tätigkeit stehen. Für die Gen Z ist es entscheidend, dass ihre Arbeit über reine Aufgaben hinausgeht und eine höhere Zielsetzung erfüllt. Es geht darum, zu wissen, dass die eigene Arbeit einen positiven Einfluss hat – auf das Unternehmen, auf die Kund:innen, auf die Umwelt oder auf die Gesellschaft. Impact wiederum bezieht sich auf die sichtbaren Ergebnisse und Veränderungen, die durch diese Arbeit erzielt werden. Für die Gen Z sind Purpose und Impact untrennbar miteinander verbunden: Der Sinn in der Arbeit ergibt sich durch konkrete Ergebnisse, die etwas bewegen.

Dieser Wunsch nach Sinnhaftigkeit ist kein Trend, sondern eine klare Reaktion auf die Erfahrungen, die die Gen Z in ihrem Leben gemacht hat. Sie ist in einer Welt aufgewachsen, die von Krisen geprägt ist – vom Klimawandel über soziale Ungleichheit bis hin zu politischer Instabilität. Sie sieht die Herausforderungen der Gegenwart und möchte aktiv an Lösungen mitwirken, statt nur zuzuschauen. Arbeit, die keinen Beitrag zu einem größeren Ziel leistet, wird für sie schnell als leer und frustrierend empfunden.

Unternehmen stehen hier vor einer großen Chance – und gleichzeitig vor einer ebenso großen Herausforderung. Wer Purpose und Impact glaubwürdig vermitteln kann, wird die Gen Z nicht nur als Mitarbeitende gewinnen, sondern auch langfristig binden. Dafür reicht es jedoch nicht aus, mit großen Worten zu werben. Unternehmen müssen authentisch zeigen, wofür sie stehen, und konkrete Maßnahmen ergreifen, um ihre Werte zu leben. Das bedeutet zum Beispiel, sich aktiv für Nachhaltigkeit einzusetzen, gesellschaftliche Verantwortung zu übernehmen und transparente Ziele zu verfolgen, die für die Mitarbeitenden nachvollziehbar sind.

Ein Beispiel dafür sind Unternehmen, die soziale oder ökologische Projekte fest in ihre Geschäftsstrategie integrieren. Ob es darum geht, Plastik aus der Lieferkette zu entfernen, benachteiligte Gruppen zu fördern oder innovative Lösungen für globale Probleme zu entwickeln – die Gen Z möchte sehen, dass ihre Arbeit Teil einer solchen Mission ist. Besonders glaubwürdig sind Unternehmen, die Mitarbeitenden ermöglichen, sich aktiv in solche Projekte einzubringen, etwa durch Corporate Volunteering oder gezielte Initiativen.

Aber Purpose und Impact müssen nicht immer global gedacht werden. Oft reichen auch kleinere, greifbare Ziele, die auf den Alltag der Mitarbeitenden wirken. Ein Unternehmen, das sich ehrlich um das Wohl seiner Mitarbeitenden kümmert, ihre Weiterentwicklung fördert und eine positive Arbeitsatmosphäre schafft, lebt ebenfalls einen Purpose. Für die Gen Z zählt nicht nur das große Ziel, sondern auch der Umgang mit den Menschen, die zum Erfolg des Unternehmens beitragen.

Der Fokus auf Purpose und Impact verändert auch die Rolle der Führung. Führungskräfte müssen heute mehr sein als nur Entscheider:innen – sie müssen Sinnstiftende sein. Sie sollten nicht nur Ziele vorgeben, sondern auch vermitteln, warum diese Ziele wichtig sind und welchen Beitrag die Mitarbeitenden dazu leisten. Diese Art der Führung motiviert nicht nur, sondern gibt der Arbeit eine emotionale Bedeutung, die über Zahlen und Ergebnisse hinausgeht.

Für Unternehmen, die sich an diesen Werten ausrichten, ergeben sich enorme Vorteile. Mitarbeitende, die Purpose und Impact in ihrer Arbeit finden, sind nicht nur engagierter und produktiver, sondern auch loyaler. Sie identifizieren sich stärker mit ihrem Arbeitgeber und sind bereit, sich für den Erfolg des Unternehmens einzusetzen. Gleichzeitig stärkt eine sinnstiftende Unternehmenskultur die Attraktivität auf dem Arbeitsmarkt – ein entscheidender Faktor in Zeiten des Fachkräftemangels.

Die Gen Z hat eines verstanden: Arbeit kann mehr sein als ein Mittel zum Zweck. Sie kann ein Werkzeug sein, um die Welt ein Stück besser zu machen. Unternehmen, die dies erkennen und aktiv umsetzen, werden nicht nur die besten Talente gewinnen, sondern auch die Zukunft der Arbeitswelt mitgestalten.

2.5 Ist die Gen Z wirklich so anders? – Der Vergleich

Die Generation Z wird oft als radikal anders beschrieben, fast schon wie ein Gegenentwurf zu den vorherigen Generationen. Doch sind ihre Ansprüche wirklich so revolutionär, oder haben wir es vielmehr mit einer konsequenteren Umsetzung von Bedürfnissen zu tun, die es schon immer gab? Ein Vergleich mit den Vorgängergenerationen – Babyboomer, Generation X und Millennials – gibt spannende Einblicke.

Die Babyboomer (geboren zwischen 1946 und 1964) wuchsen in einer Zeit auf, die von wirtschaftlichem Aufschwung und gesellschaftlichem Fortschritt geprägt war. Für sie war Arbeit nicht nur Mittel zum Zweck, sondern oft auch Statussymbol und Identität. Aber auch Bedürfnisse wie Stabilität und Sicherheit waren in dieser Generation vorhanden – sie sprachen sie nur nicht laut aus. Stattdessen war sie bereit, ihre Zeit und Energie nahezu vollständig der Arbeit zu widmen, um Wohlstand und Anerkennung zu erreichen.

Die Generation X (geboren zwischen 1965 und 1980) stellte erstmals die Vereinbarkeit von Beruf und Familie in den Vordergrund. Viele wollten nicht wie ihre Eltern enden, die sich häufig „kaputt gearbeitet" hatten. Dennoch sahen sie sich in einem wirtschaftlichen Umfeld, das ihnen wenig Spielraum für Forderungen ließ. Sie strebten nach mehr Flexibilität, aber oft blieb es bei einem Wunsch. Die Priorität lag noch immer darauf, den Job zu sichern – besonders in einer Zeit von Wirtschaftskrisen und Globalisierung.

Die Millennials (geboren zwischen 1981 und 1996) führten diesen Trend fort und legten den Fokus stärker auf persönliche Erfüllung. Für sie sollte Arbeit nicht nur Mittel zum Zweck sein, sondern auch Spaß machen und sinnstiftend sein. Gleichzeitig sind sie als erste „digital immigrants" in die Arbeitswelt eingetreten – sie mussten digitale Technologien erst erlernen, doch diese wurden schnell zum festen Bestandteil ihrer beruflichen und privaten Realität.

Und dann kam die Generation Z. Was sie von den vorherigen Generationen unterscheidet, ist nicht unbedingt, dass sie neue Bedürfnisse hat – sondern, dass sie diese kompromisslos priorisiert. Mal ehrlich: Wer wünscht sich nicht mehr Zeit für Familie, Freunde oder die eigene Gesundheit? Wer möchte nicht fair bezahlt und respektiert werden? Diese Grundbedürfnisse waren bei allen Generationen vorhanden. Doch während Babyboomer und Generation X oft bereit waren, sie der Arbeit unterzuordnen, fordert die Gen Z sie lautstark ein – und zieht klare Konsequenzen, wenn sie nicht erfüllt werden.

Die Gen Z möchte nicht nur, dass Arbeit Sinn ergibt – sie verlangt, dass sie sich in ihr Leben einfügt, statt es zu dominieren. Dabei ist sie nicht faul, wie oft behauptet wird. Sie ist leistungsbereit, aber unter Bedingungen, die ihre Werte respektieren. Auch ältere Generationen wollten das – sie hatten nur oft nicht den Mut oder die Möglichkeiten, es so klar zu formulieren.

Für Unternehmen ist das eine Herausforderung – und eine riesige Chance. Die Werte der Gen Z decken sich in vielen Bereichen mit den Wünschen, die auch andere Generationen an ihren Arbeitsplatz stellen. Eine Unternehmenskultur, die auf Flexibilität, Diversität, Sinnhaftigkeit und Wertschätzung setzt, wird nicht nur die Gen Z ansprechen, sondern auch ältere Mitarbeitende motivieren und binden. Es geht nicht darum, alles „neu zu erfinden", sondern darum, die richtigen Prioritäten zu setzen.

Die Gen Z ist keine vollkommen neue Spezies, die alles auf den Kopf stellt. Vielmehr bringt sie Entwicklungen auf den Punkt, die sich über Jahrzehnte hinweg angedeutet haben. Sie formuliert laut, was sich viele andere insgeheim gewünscht haben. Und genau das ist ihre Stärke: Sie zwingt uns, Arbeitsbedingungen zu schaffen, die nicht nur den Bedürfnissen der jungen Generation gerecht werden, sondern die gesamte Arbeitswelt menschlicher und zukunftsfähiger machen.

Natürlich gibt es auch in der Gen Z Menschen, die wirklich faul sind – doch das ist kein neues Phänomen. In jeder Generation gab es solche Personen. Der Unterschied? Heute macht die mediale Präsenz diese Einzelfälle sichtbarer. Und blickt man zurück, zeigt sich: Jede Generation wurde von ihren Vorgängern als „fauler" abgestempelt.

2.6 Warum Arbeit nicht mehr an erster Stelle steht

Für viele ältere Generationen war Arbeit der zentrale Lebensinhalt. Sie definierte nicht nur ihren Tagesablauf, sondern auch ihren sozialer Status, ihre Identität und oft sogar ihr Selbstwertgefühl. Doch bei der Generation Z hat sich dieser Stellenwert verschoben. Arbeit ist für sie wichtig – aber nicht um jeden Preis. Warum steht Arbeit bei der Gen Z nicht mehr an erster Stelle? Und was bedeutet cas für die Unternehmen?

Ein entscheidender Faktor liegt in den Erfahrungen, die die Gen Z in ihrer Familie gemacht hat. Viele von ihnen haben miterlebt, wie ihre Eltern oder Großeltern sich „kaputt gearbeitet" haben. Sie haber gesehen, wie lange Arbeitszeiten, chronischer Stress und das ständige Streben nach beruflichem Erfolg die Gesundheit und das Privatleber ihrer Angehörigen belastet haben. Diese Beobachtungen haben Spurer hinterlassen: Die Gen Z hat für sich entschieden, dass sie diesen Weg nicht gehen will. Stattdessen suchen sie nach einem Gleichgewicht zwischen Arbeit und Leben, das ihnen erlaubt, beruflich erfolgreich zu sein, ohne ihre Gesundheit, ihre Familie oder ihre Freunde zu vernachlässigen.

Gleichzeitig lebt die Gen Z in einer Zeit, in der die Digitalisierung und Automatisierung neue Maßstäbe für Produktivität gesetzt haben. Sie weiß, dass es heute möglich ist, in weniger Zeit mehr zu erreichen. Warum also 40 oder mehr Stunden in der Woche im Büro sitzen, wenn sich die gleichen Ergebnisse effizienter erzielen lassen? Für die Gen Z ist Arbeit keine Frage der Anwesenheit, sondern der Ergebnisse. Sie fordert Flexibilität – und sie weiß genau, in welchen Berufen dies möglich ist. Während in der Produktion oder im Gesundheitswesen die physische Präsenz oft unverzichtbar bleibt, erwarten sie in Bereichen wie IT, Marketing oder Projektmanagement deutlich mehr Freiheiten.

Die Gen Z ist auch die erste Generation, die sich ihrer eigenen Macht auf dem Arbeitsmarkt so bewusst ist. Der demografische Wandel hat dazu geführt, dass Talente knapp sind. Unternehmen stehen zunehmend unter Druck, sich als attraktive Arbeitgebende zu präsentieren. Dieser Wettbewerb hat die Machtverhältnisse verändert: Während frühere Generationen oft alles taten, um ihren Arbeitsplatz zu sichern, hat die Gen Z keine Angst, den Job zu wechseln, wenn ihre Ansprüche nicht erfüllt werden. Für sie ist es selbstverständlich, dass ein Unternehmen sich ihren Bedürfnissen anpasst – und nicht umgekehrt.

Doch das bedeutet nicht, dass die Gen Z weniger leistungsbereit ist. Im Gegenteil: Sie ist hoch motiviert, wenn sie das Gefühl hat, dass ihre Arbeit geschätzt wird und einen Sinn erfüllt. Es geht ihr nicht darum, weniger zu arbeiten, sondern klüger. Die oft kritisierte Forderung nach einer kürzeren Arbeitszeit ist für die Gen Z keine Einladung zum Müßiggang, sondern ein Aufruf zu mehr Effizienz. Sie wünscht sich eine Arbeitswelt, in der Leistung an Ergebnissen gemessen wird – nicht an der Zeit, die man im Büro verbringt. Die Generation Z ist in eine smarten Welt aufgewachsen: Smart-Phone, Smart-Watch, Smart-TV, Smart-Home. Kein Wunder, dass sie auch so arbeitet – getreu dem Motto: „work smart, not hard".

Die veränderten Prioritäten der Gen Z sind eng mit ihrer Lebensrealität verknüpft. Sie hat erkannt, dass beruflicher Erfolg und persönliches Wohlbefinden Hand in Hand gehen können, wenn Arbeit flexibel sinnhaft und ergebnisorientiert gestaltet wird. Ihre Bereitschaft, diese Ansprüche klar zu formulieren und einzufordern, zeigt, dass sie die Arbeitswelt aktiv mitgestalten möchte – und nicht bloß passiv hinnimmt, was ihr vorgesetzt wird.

Für Unternehmen ist das eine klare Herausforderung. Die Arbeitsmodelle der Vergangenheit funktionieren nicht mehr. Es braucht neue Ansätze, die Flexibilität, Sinnhaftigkeit und persönliche Entwicklung in den Vordergrund stellen. Gleichzeitig müssen Unternehmen Wege finden, diesen Wandel auch in Berufen umzusetzen, die weniger Flexibilität erlauben – etwa durch angepasste Schichtmodelle, Gleitzeitoptionen oder innovative Ansätze, wie die Einführung von Jobsharing.

Die Gen Z hat verstanden, dass Arbeit ein Teil des Lebens ist, aber nicht das Leben selbst. Für Unternehmen bedeutet das, dass sie ihre Erwartungen anpassen und neue Wege finden müssen, um diese Generation zu erreichen. Es geht nicht darum, Arbeit unwichtig zu machen, sondern ihr einen Platz zu geben, der in ein erfülltes und ausgewogenes Leben passt. Nur so können sie die Talente der Gen Z nicht bloß gewinnen, sondern auch langfristig halten.

Meine wichtigsten Notizen:

_____

_____

_____

_____

_____

_____

_____

_____

_____

_____

_____

_____

_____

Meine wichtigsten Notizen:

KAPITEL 3:

New Work: Die Arbeitswelt neu denken

3.1 New Work, Unternehmenskultur, agile Führung ... was ist das überhaupt?!

Die Arbeitswelt ist voller Schlagworte: „New Work", „agile Führung", „Unternehmenskultur". Diese Begriffe werden oft verwendet, manchmal inflationär, aber selten wirklich greifbar gemacht. Doch hinter diesen Konzepten steckt weit mehr als nur eine moderne Verpackung altbekannter Prinzipien. Sie sind das Fundament für die Arbeitswelt der Zukunft – und entscheidend, um die Generation Z zu begeistern. Doch was bedeuten diese Begriffe genau, und wie hängen sie miteinander zusammen?

„New Work" ist kein neuer Trend, sondern ein Paradigmenwechsel. Geprägt von dem Philosophen Frithjof Bergmann, beschreibt der Begriff eine Arbeitsweise, die den Menschen in den Mittelpunkt stellt. Es geht darum, den Sinn der Arbeit neu zu definieren und die individuellen Potenziale der Mitarbeitenden zu entfalten. New Work fordert, dass Arbeit nicht mehr als Pflicht oder Last empfunden wird, sondern als Chance, etwas Bedeutungsvolles zu schaffen – für das Unternehmen, aber auch für sich selbst.

Ein zentraler Bestandteil von New Work ist die Unternehmenskultur. Sie ist das Herzstück eines jeden Unternehmens und bestimmt, wie Mitarbeitende miteinander umgehen, wie Entscheidungen getroffen werden und welche Werte das Unternehmen prägen. Eine starke Unternehmenskultur gehört zu den entscheidenden Faktoren, die den Erfolg eines Unternehmens und seine Attraktivität für Mitarbeitende prägen. Für die Gen Z ist sie sogar eines der entscheidenden Kriterien bei der Wahl ihres Arbeitgebers. Diese Generation möchte in einem Umfeld arbeiten, das transparent, wertschätzend und flexibel ist – ein Umfeld, das nicht nur wirtschaftlichen Erfolg, sondern auch persönliche Entfaltung ermöglicht.

Eng verknüpft mit New Work ist auch das Konzept der agilen Führung. In einer Welt, die von Unsicherheiten und schnellen Veränderungen geprägt ist, brauchen Unternehmen Führungskräfte, die flexibel und anpassungsfähig sind. Agile Führung bedeutet, dass Entscheidungen nicht mehr nur „von oben" getroffen werden, sondern r Zusammenarbeit mit den Teams. Führungskräfte übernehmen weniger die Rolle von Anweisenden, sondern vielmehr die von Coaches und Unterstützer:innen. Sie schaffen Strukturen, in denen Mitarbeitende eigenverantwortlich arbeiten und innovative Lösungen entwickeln können.

Doch wie hängen diese Begriffe zusammen? New Work ist die Vision, die beschreibt, wie die Arbeitswelt von morgen aussehen soll: Sinnerfüllt, flexibel, menschenzentriert. Die Unternehmenskultur ist die Basis, die diese Vision trägt – sie definiert, wie New Work in der Praxis umgesetzt wird. Agile Führung wiederum ist das Werkzeug, mit dem Unternehmen auf diesem Fundament aufbauen können. Es ist der Schlüssel, um in einer dynamischen Welt erfolgreich zu sein und die Potenziale der Mitarbeitenden bestmöglich zu entfalten.

Für Unternehmen bedeutet das: Es reicht nicht, einzelne Maßnahmen umzusetzen. New Work, agile Führung und Unternehmenskultur sind keine isolierten Konzepte, sondern müssen als Ganzes verstanden und gelebt werden. Ein Unternehmen kann die schönsten Büroräume und die besten Technologien anbieten – wenn die Unternehmenskultur toxisch ist oder Führungskräfte nicht bereit sind, Verantwortung zu teilen, wird sich die Gen Z nicht lange dort aufhalten.

Die Generation Z hat eine klare Vorstellung davon, wie sie arbeiten möchte: In einem Umfeld, das sie respektiert, inspiriert und fördert. New Work, eine starke Unternehmenskultur und agile Führung sind die Eckpfeiler, um genau dieses Umfeld zu schaffen. Doch sie sind keine starren Modelle, sondern Prinzipien, die jedes Unternehmen individuell gestalten muss. Denn nur, wenn diese Konzepte authentisch gelebt werden, können sie ihre volle Wirkung entfalten – für die Gen Z und für alle Mitarbeitenden.

3.2 New Work for New Gen? – Wie die Gen Z die Arbeitswelt revolutioniert

Die Generation Z ist nicht nur eine neue Gruppe von Mitarbeitenden, sondern ein Motor für die Veränderung der Arbeitswelt. Mit ihren Werten, Ansprüchen und Ideen fordert sie Unternehmen heraus – und eröffnet ihnen gleichzeitig enorme Chancen. Doch wie genau verändert die Gen Z die Art, wie wir arbeiten?

Ein zentraler Aspekt ist ihre Einstellung zur Arbeit selbst. Während frühere Generationen bereit waren, ihre Lebenszeit weitgehend der Arbeit zu widmen, hinterfragt die Gen Z dieses Modell. Sie möchte sich nicht in starren Hierarchien oder veralteten Strukturen verlieren, sondern in einem Umfeld arbeiten, das auf Flexibilität, Sinnhaftigkeit und persönlicher Entwicklung basiert. Für sie ist Arbeit nicht weniger wichtig, aber sie soll sich harmonisch in das Leben einfügen – und nicht umgekehrt.

Die Gen Z hat die Forderungen, die Millennials bereits angestoßen haben, konsequent weitergeführt. Die Gen Z erwartet von ihrem Arbeitsplatz, dass er den Freiraum bietet, den sie für ihre individuellen Lebensentwürfe benötigt. Flexibilität in der Arbeitsgestaltung – ob durch Remote Work oder eigenständig planbare Arbeitszeiten – ist für sie ein natürlicher Bestandteil eines modernen Berufslebens. Gleichzeitig legt sie großen Wert darauf, dass sich berufliche Verpflichtungen und private Interessen miteinander vereinbaren lassen.

Die Möglichkeiten der Digitalisierung sieht die Gen Z nicht als Zusatz, sondern als Basis für eine moderne Arbeitswelt. Unternehmen, die dies erkennen, können nicht nur ihre Produktivität steigern, sondern auch neue Talente für sich gewinnen.

Werte und Haltung spielen für die Gen Z eine zentrale Rolle bei der Auswahl ihres Arbeitgebers. Sie sucht Unternehmen, die nicht nur wirtschaftlich erfolgreich sind, sondern sich auch durch gesellschaftliche Verantwortung auszeichnen. Ob es um den Schutz der Umwelt, die Unterstützung sozialer Projekte oder den respektvollen Umgang mit Mitarbeitenden geht – die Gen Z möchte sehen, dass Unternehmen ihre Prinzipien nicht nur kommunizieren, sondern auch konsequent leben.

Auch die Kommunikation in der Arbeitswelt verändert sich durch die Gen Z. Sie erwartet klare, offene und ehrliche Gespräche – auf Augenhöhe. Das bedeutet nicht nur, dass Führungskräfte regelmäßig Feedback geben sollten, sondern auch, dass sie selbst bereit sein müssen, zuzuhören und zu lernen. Hier zeigt sich ein interessantes Phänomen: Die Gen Z fordert nicht weniger Führung, sondern eine andere Art von Führung. Sie sucht nach Führungskräften, die inspirieren, unterstützen und als Coach agieren – nicht als Kontrolleur:in.

Die größte Veränderung, die die Gen Z mit sich bringt, ist vielleicht ihr Anspruch, die Arbeitswelt aktiv mitzugestalten. Sie möchte nicht nur ein Zahnrad im Getriebe sein, sondern Einfluss nehmen und die Arbeitswelt verbessern. Diese Haltung birgt für Unternehmen ein enormes Potenzial: Wer bereit ist, die Gen Z ernst zu nehmen und hre Ideen zu integrieren, kann nicht nur Innovationen vorantreiben, sondern auch eine Unternehmenskultur schaffen, die attraktiv und zukunftsfähig ist.

Für Unternehmen bedeutet das, dass sie sich neu ausrichten müssen. Die Gen Z ist nicht bereit, sich anzupassen – sie will Teil einer Arbeitswelt sein, die sich an ihre Werte und Ansprüche orientiert. Wer das versteht und aktiv umsetzt, wird nicht nur von der Kreativität und Innovationskraft dieser Generation profitieren, sondern auch eine langfristige Loyalität aufbauen. Die Revolution, die die Gen Z in der Arbeitswelt anstößt, ist keine Bedrohung – sie ist eine Einladung, die Zukunft gemeinsam zu gestalten.

3.3 Die fünf Säulen von New Work

New Work – ein Begriff, der die Arbeitswelt verändert hat und gleichzeitig viel Spielraum für Interpretation lässt. Um die Idee hinter New Work greifbar zu machen, lohnt es sich, die fünf Säulen zu betrachten. Sie sind nicht nur Prinzipien, sondern praktische Leitlinien für eine Arbeitskultur, die Menschen stärkt und Unternehmen zukunftsfähig macht.

Die erste Säule von New Work ist Freiheit. Für Unternehmen bedeutet Freiheit nicht, Mitarbeitende einfach machen zu lassen, was sie wollen. Es geht darum, den Rahmen zu schaffen, in dem Mitarbeitende selbstbestimmt arbeiten können. Diese Freiheit zeigt sich in flexiblen Arbeitsmodellen, wie der Möglichkeit, remote zu arbeiten, aber auch in der Eigenverantwortung, wie sie ihre Ziele erreichen. Besonders für die Gen Z hat Freiheit eine tiefere Bedeutung: Sie möchten das Gefühl haben, dass ihre Arbeit nicht durch starre Regeln eingeschränkt wird, sondern ihnen Raum für Kreativität und Eigeninitiative gibt. Freiheit bedeutet auch, Alternativen zu klassischen Karrierewegen anzubieten. Nicht jede:r möchte eine Führungskraft werden – aber jede:r möchte sich in der eigenen Rolle entfalten können.

Die zweite Säule, Selbstverantwortung, baut auf der Freiheit auf. Denn nur, wer Verantwortung für sich selbst übernimmt, kann mit der gegebenen Freiheit produktiv umgehen. Für Unternehmen bedeutet das einen Kulturwandel: Mitarbeitende müssen nicht nur die Möglichkeit bekommen, Entscheidungen zu treffen, sondern auch die Kompetenz entwickeln, diese Entscheidungen zu tragen. Hier kommen Führungskräfte ins Spiel, die als Mentor:innen agieren. Sie vermitteln nicht nur Wissen, sondern auch das Vertrauen, dass Mitarbeitende die richtigen Entscheidungen treffen können. Für die Gen Z ist Selbstverantwortung nicht nur ein Anspruch, sondern eine Erwartung – sie wollen gestalten, aber sie wollen auch die Verantwortung für ihre Ergebnisse übernehmen.

Die dritte Säule ist der Sinn. Arbeit ist für die Gen Z nicht mehr nur ein Mittel zum Zweck. Sie suchen nach einem „Warum" – einer tieferer Bedeutung hinter ihrer Tätigkeit. Unternehmen, die ihre Mission klar kommunizieren und diese im Arbeitsalltag erlebbar machen, haben bei der Gen Z einen entscheidenden Vorteil. Sinn muss dabei nicht immer ein großer gesellschaftlicher Beitrag sein. Oft reicht es schon, wenn Mitarbeitende das Gefühl haben, dass ihre Arbeit wertgeschätzt wird und einen echten Beitrag zum Unternehmenserfolg leistet. Auch kleine Gesten, wie die Anerkennung individueller Leistungen oder die Einbindung der Mitarbeitenden in Entscheidungsprozesse, tragen dazu bei, den Sinn ihrer Arbeit erlebbar zu machen.

Die vierte Säule ist Entwicklung. In einer dynamischen Arbeitswelt ist Stillstand der größte Feind. Für die Gen Z ist Entwicklung nicht nur ein Wunsch, sondern eine Voraussetzung, um in einem Unternehmen langfristig zu bleiben. Sie suchen nach Arbeitgeber:innen, die nicht nur auf ihre aktuelle Leistung schauen, sondern in ihr Potenzial investieren. Die Entwicklung geht dabei über klassische Weiterbildungsangebote hinaus. Es geht darum, Mitarbeitenden Möglichkeiten zu bieten, neue Fähigkeiten zu erlernen, sich in neuen Projekten auszuprobieren und ihre persönliche und berufliche Zukunft aktiv zu gestalten. Unternehmen, die Entwicklung nicht als Kostenfaktor, sondern als Investition betrachten, sichern sich nicht nur loyale Mitarbeitende, sondern auch die Innovationskraft, die sie für die Zukunft brauchen.

Die fünfte und letzte Säule ist Gemeinschaft. Arbeit ist mehr als eine Ansammlung von Aufgaben – sie ist auch ein soziales Erlebnis. Gemeinschaft entsteht, wenn sich Menschen miteinander verbunden fühlen und gemeinsame Ziele verfolgen. Für die Gen Z ist das Arbeitsklima ein entscheidender Faktor. Sie möchten sich in ihrem Team wohlfühlen, Vertrauen spüren und die Gewissheit haben, dass sie nicht nur als Arbeitskraft, sondern als Mensch gesehen werden. Eine starke Gemeinschaft zeigt sich nicht nur in großen Teamevents, sondern vor allem im täglichen Umgang miteinander. Führungskräfte, die echte Beziehungen zu ihren Teams aufbauen, legen den Grundstein für eine Unternehmenskultur, die Gemeinschaft nicht nur propagiert, sondern lebt.

Diese fünf Säulen – Freiheit, Selbstverantwortung, Sinn, Entwicklung und Gemeinschaft – sind nicht nur die Grundlage für New Work, sondern auch für eine Arbeitswelt, die den Anforderungen de Generation Z gerecht wird. Unternehmen, die diese Prinzip en nicht nur verstehen, sondern in ihrer Organisation verankern, schaffen mehr al nur moderne Arbeitsplätze. Sie schaffen eine Kultur, die inspiriert. motiviert und langfristig erfolgreich ist.

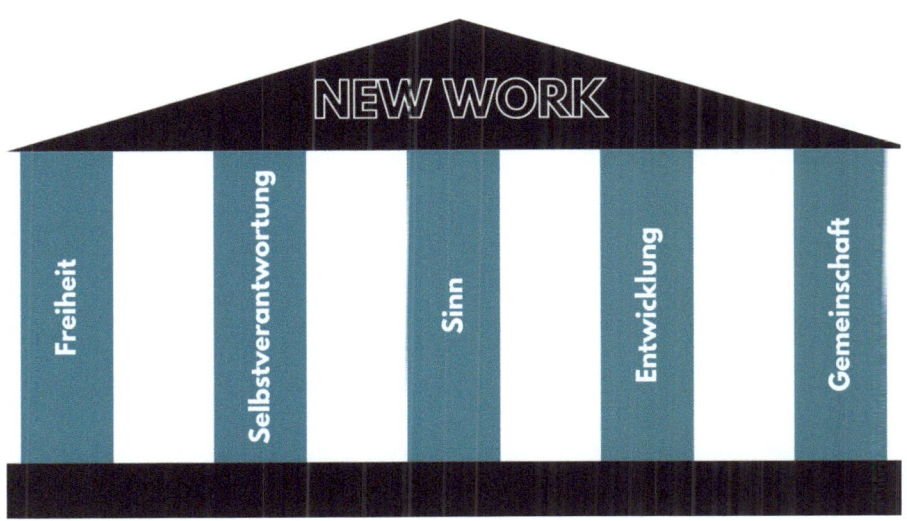

3.4 Fordern UND fördern

Die Generation Z bringt nicht nur hohe Erwartungen an ihre Arbeit mit, sie hat auch klare Vorstellungen davon, wie sie geführt werden möchte. Doch eines darf dabei nicht übersehen werden: Diese Generation erwartet nicht, dass ihr alles in den Schoß fällt. Im Gegenteil – sie sucht nach Herausforderungen, will wachsen und sich beweisen. Aber das funktioniert nur, wenn die richtige Balance zwischen Fordern und Fördern gefunden wird.

Für Unternehmen bedeutet das, sich von einem rein hierarchischen Führungsstil zu verabschieden. Anweisungen von oben reichen längst nicht mehr aus, um Mitarbeitende zu motivieren. Die Gen Z möchte in die Gestaltung ihrer Aufgaben eingebunden werden und gleichzeitig Raum für eigene Entscheidungen haben. Führungskräfte stehen vor der Aufgabe, gezielt Anreize zu setzen, die das Potenzial ihrer Teams entfalten. Dabei geht es nicht nur um fachliche Herausforderungen, sondern auch um persönliche Entwicklungsmöglichkeiten.

Ein zentraler Ansatzpunkt ist die individuelle Förderung. Die Gen Z legt großen Wert darauf, als Individuum wahrgenommen zu werden. Pauschale Weiterbildungsprogramme oder standardisierte Zielvorgaben greifen hier oft zu kurz. Stattdessen sollten Führungskräfte die Stärken und Interessen ihrer Mitarbeitenden erkennen und gezielt fördern. Dies kann durch maßgeschneiderte Entwicklungspläne geschehen, die sowohl fachliche als auch persönliche Ziele umfassen. Gleichzeitig sollten diese Pläne flexibel genug sein, um auf veränderte Interessen und Bedürfnisse einzugehen.

Doch Förderung allein reicht nicht aus. Die Gen Z möchte gefordert werden – und das auf eine Weise, die Sinn ergibt. Aufgaben sollten nicht nur anspruchsvoll sein, sondern auch einen erkennbaren Mehrwert bieten. Dabei geht es nicht um künstliche Herausforderungen oder unnötigen Druck, sondern darum, Mitarbeitenden die Möglichkeit zu geben, über sich hinauszuwachsen. Führungskräfte, die gezielt fordern, fördern nicht nur die Leistungsbereitschaft ihrer Teams, sondern stärken auch deren Selbstvertrauen und Resilienz.

Ein weiterer wichtiger Aspekt ist das regelmäßige Feedback. Die Gen Z ist mit sozialen Medien aufgewachsen und gewohnt, in Echtzeit Rückmeldungen zu erhalten. Dieses Bedürfnis spiegelt sich auch in der Arbeitswelt wider. Jährliche Mitarbeitergespräche reichen nicht mehr aus, um Mitarbeitende zu motivieren und zu entwickeln. Stattdessen sollten Führungskräfte regelmäßig Feedback geben – sowohl zu Erfolgen als auch zu Entwicklungspotenzialen. Dabei kommt es darauf an, das Feedback konstruktiv und zielorientiert zu formulieren. Denn nur so wird es zu einem Werkzeug, das sowohl fordert als auch fördert.

Fordern und fördern sind keine Gegensätze, sondern zwei Seiten derselben Medaille. Unternehmen, die diese Balance meistern, schaffen eine Arbeitsumgebung, in der die Gen Z ihr Potenzial voll ausschöpfen kann. Sie stellen sicher, dass Mitarbeitende nicht nur wachsen, sondern auch langfristig motiviert und loyal bleiben. Dabei sollten sie nicht vergessen, dass jeder Mensch anders ist: Was für den einen eine Herausforderung darstellt, kann für den anderen ein unerreichbares Ziel sein. Führungskräfte sollten daher stets individuell und situativ handeln, um die richtige Balance zwischen Fordern und Fördern zu finden.

Die Generation Z verlangt nach Führung, die inspiriert, leitet und gleichzeitig unterstützt. Wer diesen Anspruch ernst nimmt, schafft nicht nur ein produktives Arbeitsumfeld, sondern legt den Grundstein für eine nachhaltige Unternehmenskultur.

3.5 Flexibilität, Autonomie und Work-Life-Balance als neue Standards

Die Generation Z wächst in einer Welt auf, in der Flexibilität und Individualität einen hohen Stellenwert haben. Ob in de-Freizeitgestaltung, beim Konsumverhalten oder in ihrer Kommunikation – sie erwartet, dass ihr Umfeld sich an ihre Bedürfnisse anpasst und nicht umgekehrt. Diese Haltung prägt auch ihre Erwartungen an den Arbeitsplatz. Flexible Arbeitszeiten, die Möglichkeit zum Homeoffice und eine klare Trennung zwischen Arbeit und Privatleben sind für sie grundlegende Anforderungen an ein modernes Arbeitsumfeld.

Das Bedürfnis nach Flexibilität zeigt sich besonders deutlich in der Arbeitszeitgestaltung. Die Gen Z hinterfragt starre Arbeitszeiten und sieht keinen Mehrwert darin, von 9 bis 17 Uhr im Büro präsent zu sein, wenn die gleiche Arbeit auch in kürzerer Zeit erledigt werden kann. Effizienz steht für sie im Vordergrund: Durch die Digitalisierung können viele Aufgaben schneller und produktiver erledigt werden. Warum also nicht die Arbeitszeit an die Ergebnisse knüpfen, statt an die Stunden, die im Büro verbracht werden? Diese Haltung ist nicht Ausdruck von Bequemlichkeit, sondern ein Zeichen dafür, dass die Gen Z Arbeitszeit als ein Mittel zur Zielerreichung betrachtet – und nicht als Selbstzweck.

Autonomie spielt für die Gen Z eine entscheidende Rolle: Sie möchte selbst entscheiden, wie, wann und wo sie arbeitet. Dieser Wunsch nach Eigenverantwortung geht Hand in Hand mit dem Bedürfnis nach Vertrauen seitens der Arbeitgeber:innen. Die Gen Z erwartet, dass ihr die Freiheit gegeben wird, ihre Aufgaben eigenständig zu planen und umzusetzen. Unternehmen, die diese Autonomie ermöglichen, profitieren doppelt: Sie fördern die Kreativität und Motivation ihrer Mitarbeitenden und gewinnen zugleich an Effizienz, weil unnötige Kontrollmechanismen entfallen.

Eine ausgeglichene Work-Life-Balance spielt für die Gen Z eine zentrale Rolle in ihrem Lebenskonzept. Für diese Generation ist es wichtig, dass Arbeit und Privatleben nicht miteinander konkurrieren, sondern harmonisch nebeneinander existieren können. Besonders für Frauen spielt die Vereinbarkeit von Familie und Beruf eine entscheidende Rolle. Studien zeigen, dass viele Frauen bereit wären, mehr zu arbeiten, wenn sie eine bessere Kinderbetreuung oder flexiblere Arbeitszeiten hätten. Unternehmen, die solche Lösungen bieten, profitieren nicht nur von einer motivierten Belegschaft, sondern auch von einer stärkeren Diversität innerhalb ihrer Teams.

Doch Flexibilität und Autonomie haben auch ihre Herausforderungen. Nicht jede:r Mitarbeitende ist in der Lage, sich die Zeit eigenständig einzuteilen oder Prioritäten zu setzen. Laut einer Studie von ZEAM und Link gibt die Hälfte der Gen Z an, dass Eigenorganisation für sie eine Herausforderung ist. Unternehmen sollten dies nicht als Schwäche betrachten, sondern als Chance, ihre Mitarbeitenden durch gezielte Trainings und Coaching-Angebote zu unterstützen. Die Fähigkeit, sich selbst zu organisieren, ist erlernbar – und Unternehmen, die ihre Mitarbeitenden dabei unterstützen, legen den Grundstein für eine produktive Zusammenarbeit.

Schließlich bleibt zu beachten, dass Flexibilität nicht in jedem Berufsfeld gleich umgesetzt werden kann. Branchen wie das Handwerk, der Transport oder das Gesundheitswesen haben oft Rahmenbedingungen, die wenig Spielraum lassen. Doch auch hier können Unternehmen kreative Lösungen finden. Gleitzeitsysteme, bei denen Mitarbeitende in einem festgelegten Zeitfenster ihren Arbeitsbeginn frei wählen können, oder die Einführung von Jobsharing-Modellen sind nur einige Ansätze, um auch in diesen Bereichen mehr Flexibilität zu schaffen.

Für die Gen Z steht fest: Arbeit muss sich an die Lebensrealität der Menschen anpassen – nicht umgekehrt. Unternehmen, die diese Standards umsetzen, schaffen nicht nur ein attraktives Arbeitsumfeld, sondern auch eine Grundlage für langfristige Loyalität und Motivation. Der Wandel hin zu mehr Flexibilität, Autonomie und Work-Life-Balance ist keine Bedrohung, sondern eine Gelegenheit, die Arbeitswelt menschlicher und zukunftsfähiger zu gestalten.

3.6 Menschlichkeit vor Zahlen!

Die Generation Z hat ein klares Bild davon, wie sie in der Arbeitswelt behandelt werden möchte. Für sie steht der Mensch im Mittelpunkt – und nicht nur die Zahlen. Natürlich versteht sie die Bedeutung von Ergebnissen und Effizienz, doch für die Gen Z ist eines klar: Zufriedene und wertgeschätzte Mitarbeitende bringen automatisch bessere Ergebnisse. Das Wohlbefinden der Menschen ist für sie der wichtigste Hebel, um auch in Zahlen erfolgreich zu sein.

Diese Haltung fordert einen Perspektivwechsel in vielen Unternehmen. Statt sich ausschließlich auf harte KPIs wie Umsätze oder Produktivität zu konzentrieren, sollte der Fokus stärker auf weichen Faktoren liegen: Wie zufrieden sind die Mitarbeitenden? Fühlen sie sich geschätzt? Haben sie das Gefühl, ihre Arbeit trägt zu einem sinnvollen Ziel bei? Diese Fragen sind für die Gen Z ebenso wichtig wie Quartalszahlen. Unternehmen, die diese Aspekte ernst nehmen und systematisch messen, schaffen nicht nur ein menschlicheres Arbeitsumfeld, sondern verbessern langfristig auch ihre Geschäftszahlen.

Eine Schlüsselrolle spielt dabei das Verhältnis zwischen Führungskraft und Mitarbeitenden. Die Gen Z sucht nach Führungspersönlichkeiten, die sie inspirieren und unterstützen. Für sie ist eine Führungskraft nicht nur jemand, der Aufgaben verteilt, sondern jemand, der zuhört, Perspektiven bietet und den Menschen hinter der Arbeit sieht. Wertschätzung bedeutet hier mehr als nur Lob – es geht um das ehrliche Interesse an den individuellen Bedürfnissen und Zielen der Mitarbeitenden.

Führungskräfte, die diesen Ansatz leben, schaffen eine Kultur, in der Menschlichkeit und Erfolg Hand in Hand gehen. Sie verstehen, dass Empathie und Wertschätzung keine Ablenkung von den Zahlen sind, sondern ihr Fundament. Studien zeigen, dass Mitarbeiterde, die sich wertgeschätzt fühlen, engagierter, produktiver und loyaler sind. Wenn Führungskräfte regelmäßig Feedback geben, individuelle Stärker fördern und Raum für persönliche Entwicklung schaffen, verbessert sich nicht nur das Arbeitsklima, sondern auch die Leistung des gesamten Teams.

Menschlichkeit zeigt sich aber nicht nur in großen Strategien, sondern vor allem im Alltag. Ein ehrliches Gespräch über die Herausforderungen im Job, die Anerkennung einer guten Leistung oder das Verständnis für persönliche Situationen – all das signalisiert den Mitarbeitenden, dass sie nicht nur als Arbeitskräfte wahrgenommen werden, sondern als Menschen. Besonders in Krisenzeiten zeigt sich, wie ernst Unternehmen diesen Anspruch nehmen. Flexible Arbeitsmodelle, Unterstützung be gesundheitlichen oder familiären Problemen und ein offenes Ohr für individuelle Anliegen sind klare Zeichen, dass ein Unternehmen seine Mitarbeitenden wirklich wertschätzt.

Für die Gen Z geht es nicht darum, Zahlen aus den Augen zu verlierer – im Gegenteil. Sie versteht, dass Ergebnisse wichtig sind, aber sie ist überzeugt, dass diese Ergebnisse nur dann nachhaltig erreicht werden können, wenn die Grundlage stimmt. Unternehmen, die auf das Wohl ihrer Mitarbeitenden achten, schaffen die Voraussetzungen für langfristigen Erfolg. Statt die Zahlen direkt zu kontrollieren, sollten sie die Faktoren optimieren, die zu guten Zahlen führen – Zufriedenheit, Motivation und Bindung.

Ein Beispiel dafür sind regelmäßige Umfragen zur Mitarbeiterzufriedenheit. Sie helfen Unternehmen, Stimmungen und Bedürfnisse frühzeitig zu erkennen und gezielt darauf einzugehen. Wenn sich Mitarbeitende in ihren Arbeitsumgebungen wohlfühlen und wissen, dass ihre Anliegen gehört werden, steigt nicht nur die Loyalität, sondern auch die Bereitschaft, sich voll einzubringen.

Die Gen Z fordert keine perfekte Arbeitswelt, aber sie fordert eine, die menschlicher ist. Für Unternehmen bedeutet das, sich nicht zwischen Menschlichkeit und Zahlen entscheiden zu müssen – sondern zu verstehen, dass das eine die Grundlage für das andere ist. Der wahre Erfolg eines Unternehmens zeigt sich nicht nur in seinen Ergebnissen, sondern auch in der Art, wie es mit den Menschen umgeht, die diese Ergebnisse möglich machen.

3.7 Die Rolle von Technologie & KI in New Work

Technologie und Künstliche ntelligenz (KI) sind längst keine Zukunftsvisionen mehr – sie sind integrale Bestandteile der modernen Arbeitswelt. Für das Konzept von New Work spielen sie eine entscheidende Rolle, denn sie bieten nicht nur die Werkzeuge, um Arbeit effizienter zu gestalten, sondern auch die Möglichkeit, vollkommen neue Arbeitsweisen zu etablieren. Doch wie genau verändert Technologie die Arbeitswelt? Und welche Chancen und Herausforderungen ergeben sich darcus?

Die Gen Z, die mit digitalen Technologien aufgewachsen ist, sieht in der Digitalisierung vor allem eines: Erleichterung. Sie erwartet von ihren Arbeitgeber:innen, dass sie technologische Möglichkeiten nicht nur kennen, sondern aktiv nutzen, um Prozesse zu vereinfachen und Arbeit smarter zu machen. Dabei geht es nicht darum, Technologien einfach einzuführen, sondern sie sinnvoll einzusetzen – mit einem k aren Fokus auf die Bedürfnisse der Mitarbeitenden.

Ein Bereich, in dem die Digitalisierung eine enorme Rolle spielt, ist die Flexibilisierung der Arbeitswelt. Tools für Videokonferenzen, Cloud-Lösungen und digitale Kollaborationsplattformen ermöglichen es Teams, ortsunabhängig zusammenzuarbeiten. Für die Gen Z ist diese Art der Zusammenarbeit längst Normalität – sie sieht es als selbstverständlich an, dass Arbeit nicht an einen festen Ort gebunden sein muss. Unternehmen, die solche Technologien sinnvoll integrieren, können nicht nur die Effizienz steigern, sondern auch neue Talente gewinnen, die Flexibilität und moderne Arbeitsbedingungen schätzen.

Künstliche Intelligenz bringt eine weitere Dimension in die Arbeitswelt. Sie kann Routinetätigkeiten übernehmen, Prozesse automatisieren und Mitarbeitende entlasten. Gerade in Zeiten des Fachkräftemangels wird KI zu einem unverzichtbaren Werkzeug. Wenn wichtige Stellen unbesetzt bleiben, müssen die vorhandenen Arbeitskräfte oft die Arbeit von mehreren Personen übernehmen – ein Zustand, der auf Dauer nicht haltbar ist. Hier kann KI gezielt eingesetzt werden, um Entlastung zu schaffen. Sie übernimmt wiederholbare und zeitraubende Aufgaben, sodass die Mitarbeitenden sich auf anspruchsvollere und wertschöpfende Tätigkeiten konzentrieren können.

Doch eines ist entscheidend: KI soll Menschen nicht ersetzen, sondern unterstützen. Sie ist kein Ersatz für menschliche Kreativität, Empathie und Entscheidungsfähigkeit, sondern ein Werkzeug, das den Arbeitsalltag erleichtert. Unternehmen, die diesen Ansatz verstehen, schaffen nicht nur ein effektiveres Arbeitsumfeld, sondern stärken auch die Zufriedenheit und Motivation ihrer Teams.

Gleichzeitig gibt es auch Herausforderungen, die Unternehmen ernst nehmen müssen. Viele Mitarbeitende – besonders aus älteren Generationen – stehen neuen Technologien skeptisch gegenüber. Sie fürchten, dass Automatisierung und KI ihre Jobs ersetzen könnten. Hier ist es die Aufgabe von Führungskräften, Ängste abzubauen und Transparenz zu schaffen. Technologie sollte nicht als Bedrohung wahrgenommen werden, sondern als Unterstützung. Unternehmen, die ihren Mitarbeitenden zeigen, wie digitale Tools und KI ihren Arbeitsalltag erleichtern und bereichern können, fördern Akzeptanz und Innovationsbereitschaft.

Die Digitalisierung bringt jedoch nicht nur Erleichterungen und Herausforderungen, sondern auch neue Anforderungen an die Kompetenzen der Mitarbeitenden mit sich. Digitale Kompetenz wird zu einer Grundvoraussetzung in vielen Berufen. Unternehmen, die in die digitale Weiterbildung ihrer Teams investieren, schaffen nicht nur einen Wettbewerbsvorteil, sondern stärken auch die Motivation und Loyalität ihrer Mitarbeitenden. Besonders die Gen Z schätzt es, wenn Arbeitgeber:innen sie dabei unterstützen, mit den neuesten Technologien Schritt zu halten.

Am Ende geht es darum, Technologie als Mittel zum Zweck zu betrachten – nicht als Selbstzweck. Die Gen Z möchte nicht in einer Welt arbeiten, in der der Mensch durch Maschinen ersetzt wird, sondern in einer, in der Technologie den Menschen unterstützt. Unternehmen, die diesen Ansatz verstehen, können nicht nur effizienter arbeiten, sondern auch eine Arbeitskultur schaffen, die für alle Generationen attraktiv ist.

Die Rolle von Technologie und KI in New Work ist eindeutig: Sie sind Werkzeuge, die die Arbeitswelt transformieren können. Doch wie bei jeder Veränderung kommt es darauf an, wie sie eingesetzt werden. Wenn Unternehmen die Bedürfnisse ihrer Mitarbeitenden in den Mittelpunkt stellen, können sie aus der Digitalisierung weit mehr machen als nur eine technische Revolution – sie können eine Arbeitswelt schaffen, die menschlicher, flexibler und zukunftsfähiger ist.

Meine wichtigsten Notizen:

_____

_____

_____

_____

_____

_____

_____

_____

_____

_____

_____

_____

KAPITEL 4:

Employer Branding:
Authentisch. Digital. Gen Z.

4.1 Was bedeutet Employer Branding überhaupt und warum kommt es vor dem Recruiting?

Stellenanzeigen aufgeben und auf Bewerbungen warten – das war einmal. In einer Zeit, in der Talente rar sind und die Generation Z ihre Arbeitgeber:innen sorgfältig auswählt, reicht es längst nicht mehr aus, passiv auf Interessierte zu hoffen. Unternehmen müssen aktiv werden und sich als attraktive Arbeitgeber:innen positionieren. Genau hier setzt Employer Branding an.

Doch was bedeutet Employer Branding eigentlich? Einfach gesagt, geht es darum, eine klare und authentische Arbeitgebermarke aufzubauen, die Menschen anzieht und begeistert. Es ist ein Prozess, der weit über das bloße Recruiting hinausgeht, denn er beginnt im Inneren des Unternehmens: Bei der Unternehmenskultur, den Werten und der Art, wie Mitarbeitende behandelt werden. Employer Branding ist die Basis, auf der Vertrauen und Anziehungskraft entstehen – und dieses Fundament muss stehen, bevor es überhaupt zu einem Bewerbungsgespräch kommt.

Die Candidate Journey, also der Weg, den potenzielle Bewerber:innen bis zur Einstellung durchlaufen, beginnt lange vor dem eigentlichen Recruiting. Bevor ein Talent überhaupt darüber nachdenkt, sich bei einem Unternehmen zu bewerben, macht es sich ein Bild davon, was dieses Unternehmen ausmacht. Ist es modern? Innovativ? Wertschätzend? Hat es eine Mission, mit der man sich identifizieren kann? Diese Fragen stellen sich gerade die Menschen der Gen Z, die nicht nur einen Job suchen, sondern ein Umfeld, das zu ihren Werten passt.

Hier zeigt sich, warum Employer Branding vor dem Recruiting kommt Wenn die interne Unternehmenskultur nicht stimmt, helfen auch die besten Recruiting-Strategien nichts. Neue Mitarbeitende, die in eine toxische Arbeitsumgebung kommen, werden das Unternehmen schneller verlassen, als sie eingearbeitet werden können. Ebenso sprechen enttäuschte Mitarbeitende über ihre Erfahrungen – und das oft öffentlich. Diese negativen Eindrücke verbreiten sich schneller, als viele Unternehmen glauben, und können den Ruf als Arbeitgeber:in nachhaltig schädigen.

Employer Branding hingegen hat die Kraft, potenzielle Talente zu begeistern, bevor sie überhaupt an eine Bewerbung denken. Es schafft eine Verbindung zwischen Unternehmen und Bewerber:innen, die auf Vertrauen und Authentizität basiert. Wichtig dabei ist, dass Employer Branding nicht aus PR-Floskeln oder Hochglanzbroschüren besteht. Was zählt, ist, dass die gelebte Kultur mit der kommunizierten Marke übereinstimmt. Eine Diskrepanz zwischen Anspruch und Wirklichkeit wird von der Gen Z sofort durchschaut und hinterlässt einen bleibenden negativen Eindruck.

Die Bindung an das Unternehmen beginnt nicht erst mit dem Arbeitsvertrag – sie startet bereits in der Anziehungsphase, der ersten Phase der Candidate Journey. Unternehmen, die von innen heraus eine starke Arbeitgebermarke aufbauen und diese authentisch nach außen tragen, legen den Grundstein für nachhaltiges Wachstum. Statt kurzfristig Talente zu gewinnen, schaffen sie ein Umfeld, in dem Mitarbeitende bleiben wollen, weil sie sich mit den Werten und Zielen des Unternehmens identifizieren können.

Für Arbeitgebende ist Employer Branding heute eine der wichtigsten strategischen Aufgaben. Es ist die Basis für langfristigen Erfolg – nicht nur, um die besten Talente zu gewinnen, sondern auch, um sie langfristig zu binden. Denn am Ende geht es nicht nur darum, wie viele Bewerbungen ein Unternehmen erhält, sondern wie gut die Menschen zu den Werten und der Kultur des Unternehmens passen.

DIE CANDIDATE JOURNEY:

Anziehungs-phase	Informations-phase	Bewerbungs-phase	Auswahl-phase	Onboarding-phase	Bindungs-phase
• Fokus: Aufbau einer attraktiven Arbeitgebermarke. • Tools: Social Media, Karrierewebsites, authentische Einblicke.	• Ziel: Kandidat:innen erhalten realistische Einblicke in das Unternehmen. • Tools: Videos, Blogposts, direkte Ansprache auf Social Media.	• Fokus: Ein einfacher und schneller Bewerbungsprozess. • Tools: Mobiloptimierte Bewerbungsformulare, klare Rückmeldungen.	• Ziel: Wertschätzender Umgang mit den Bewerbenden. • Tools: Transparente Kommunikation, schnelles Feedback.	• Fokus: Ein gelungener Einstieg ins Unternehmen. • Tools: Begrüßungspakete, digitale Onboarding-Plattformen, Mentoring.	• Ziel: Langfristige Mitarbeitendenzufriedenheit. • Tools: Individuelle Weiterentwicklungsmöglichkeiten, regelmäßiges Feedback, erlebte Unternehmenskultur.

4.2 Aufbau einer Arbeitgebermarke: Authentizität als Schlüssel zum Erfolg

Employer Branding beginnt nicht mit einer Social-Media-Kampagne oder einer neuen Karriereseite – es beginnt im Inneren des Unternehmens. Die Generation Z ist anspruchsvoll, wenn es um die Wahl ihrer Arbeitgeber:innen geht, und sie erkennt schnell, ob ein Unternehmen wirklich authentisch ist oder nur vorgibt, es zu sein. Authentizität ist daher der Schlüssel, um eine glaubwürdige und erfolgreiche Arbeitgebermarke aufzubauen.

Doch was bedeutet Authentizität in diesem Kontext? Es geht darum, dass ein Unternehmen zu dem steht, was es ist, und seine Werte nicht nur kommuniziert, sondern aktiv lebt. Für die Gen Z sind Hochglanzversprechen wenig überzeugend, wenn sie nicht mit der Realität übereinstimmen. Ein Unternehmen, das von Flexibilität spricht, aber starre Arbeitszeiten hat, verliert genauso schnell an Glaubwürdigkeit wie eines, das Diversität propagiert, aber keine Maßnahmen zur Förderung von Vielfalt ergreift.

Der erste Schritt beim Aufbau einer authentischen Arbeitgebermarke ist eine ehrliche Bestandsaufnahme. Unternehmen müssen sich fragen: Was macht uns als Arbeitgeber:in aus? Welche Werte prägen unsere Unternehmenskultur? Und wie werden diese Werte im Arbeitsalltag sichtbar? Diese Reflexion ist entscheidend, um eine klare und konsistente Botschaft zu entwickeln, die sowohl nach innen als auch nach außen getragen wird.

Eine authentische Arbeitgebermarke lebt von den Menschen, die im Unternehmen arbeiten. Mitarbeitende sind die besten Botschafter:innen einer Marke, denn ihre Erfahrungen und Geschichten sind glaubwürdiger als jede Marketingkampagne. Unternehmen sollten ihre Mitarbeitenden aktiv einbinden und sie ermutigen, ihre Perspektiven zu teilen – sei es auf Social Media, bei Karrieremessen oder in persönlichen Gesprächen mit potenziellen Bewerber:innen. Diese Art von Transparenz schafft Vertrauen und zeigt, dass das Unternehmen zu seinen Mitarbeitenden steht.

Ein weiteres wichtiges Element ist die Konsistenz in der Kommunikation. Authentizität bedeutet nicht nur, die richtigen Werte zu haben, sondern diese auch klar und einheitlich zu kommunizieren. Das Employer Branding sollte sich in allen Kanälen und Berührungspunkten widerspiegeln – von der Karriereseite über die Stellenanzeigen bis hin zur Ansprache in Vorstellungsgesprächen. Jedes Detail zählt, denn die Gen Z achtet genau darauf, ob die Werte eines Unternehmens tatsächlich gelebt werden.

Ein häufig gemachter Fehler beim Employer Branding ist der Versuch, es allen recht machen zu wollen. Authentizität bedeutet, dass ein Unternehmen zu seinen Stärken steht, aber auch zu seinen Schwächen. Es geht nicht darum, perfekt zu sein, sondern echt. Die Gen Z schätzt es, wenn Unternehmen offen über Herausforderungen sprechen und zeigen, dass sie an Verbesserungen arbeiten. Diese Ehrlichkeit wird oft mehr respektiert als eine makellose Fassade, die schnell als unglaubwürdig entlarvt wird.

Die Wirkung einer authentischen Arbeitgebermarke geht weit über das Recruiting hinaus. Sie stärkt nicht nur die Anziehungskraft auf Talente, sondern auch die Bindung der bestehenden Mitarbeitenden. Wer das Gefühl hat, in einem Umfeld zu arbeiten, das wirklich zu seinen Werten und Bedürfnissen passt, bleibt länger und ist motivierter. Authentizität zahlt sich also nicht nur in Bewerbungen aus, sondern auch in Loyalität und Engagement.

Für Unternehmen ist es wichtig, zu verstehen, dass Employer Branding kein Projekt ist, das eines Tages abgeschlossen wird. Es ist ein kontinuierlicher Prozess, der sich immer wieder an den Veränderungen in der Arbeitswelt orientieren muss. Authentizität ist dabei nicht nur der Startpunkt, sondern die Grundlage, die dafür sorgt, dass die Arbeitgebermarke nachhaltig und erfolgreich bleibt.

4.3 Interne Markenbotschafter: Menschen vertrauen Menschen!

In einer Zeit, in der Authentizität für die Gen Z ein entscheidender Faktor bei der Wahl ihres Arbeitgebers ist, gewinnen interne Markenbotschafter:innen immer mehr an Bedeutung. Denn keine Hochglanzbroschüre und kein Imagevideo kann so glaubwürdig vermitteln, wie es wirklich ist, in einem Unternehmen zu arbeiten, wie die Menschen, die tatsächlich dort arbeiten. Mitarbeitende sind die besten Botschafter:innen einer Arbeitgebermarke – und genau hier liegt eine enorme Chance für Unternehmen.

Die Gen Z vertraut auf persönliche Einblicke und authentische Geschichten. Wenn Mitarbeitende auf Social Media, bei Karrieremessen oder in persönlichen Gesprächen über ihre Erfahrungen sprechen, hat das eine weit stärkere Wirkung als jede Werbekampagne. Menschen vertrauen Menschen – und das gilt besonders für eine Generation, die Transparenz und Ehrlichkeit in den Vordergrund stellt.

Doch wie wird man zu einem erfolgreichen Markenbotschafter oder einer erfolgreichen Markenbotschafterin? Der erste Schritt liegt darin, eine Unternehmenskultur zu schaffen, in der Mitarbeitende stolz auf ihren Arbeitsplatz sind. Zufriedene Mitarbeitende, die sich mit den Werten und Zielen des Unternehmens identifizieren, teilen ihre positiven Erfahrungen oft von ganz allein. Unternehmen können diesen natürlichen Prozess jedoch fördern, indem sie ihren Mitarbeitenden Plattformen und Anreize bieten, ihre Geschichten zu erzählen.

Ein Beispiel dafür sind Mitarbeitervideos, in denen Teammitglieder Einblicke in ihren Arbeitsalltag geben. Diese Videos müssen nicht perfekt produziert sein – im Gegenteil: Authentizität entsteht oft durch eine einfache, ungefilterte Darstellung. Ein kurzes Handyvideo, das die Atmosphäre im Büro zeigt, oder ein offener Bericht über die Herausforderungen eines Projekts kann potenziellen Bewerber:innen viel mehr vermitteln als ein aufwendig produziertes Imagevideo.

Neben Social Media sind auch persönliche Kontakte ein wertvolles Instrument. Mitarbeitende, die bei Karrieremessen, Networking-Events oder Vorträgen über ihre Arbeit sprechen, bieten potenzieller Bewerber:innen eine authentische und greifbare Perspektive. Solche Gespräche schaffen eine emotionale Verbindung, die weit über allgemeine Informationen hinausgeht.

Wichtig ist dabei, dass Mitarbeitende nicht instrumentalisiert werden. Interne Markenbotschafter:innen sollten keine vorgefertigten Marketingbotschaften wiederholen, sondern ihre eigenen Erfahrungen und Meinungen teilen. Authentizität entsteht nur, wenn die Kommunikation ehrlich und frei ist. Unternehmen müssen ihren Mitarbeitenden das Vertrauen geben, selbst zu entscheiden, welche Geschichten sie erzählen möchten.

Der Vorteil interner Markenbotschafter:innen liegt auf der Hand: Sie schaffen Transparenz und stärken das Vertrauen in die Arbeitgebermarke. Potenzielle Bewerber:innen können sich ein realistisches Bild davon machen, was sie im Unternehmen erwartet, und bestehende Mitarbeitende fühlen sich in ihrer Rolle als Teil des Teams wertgeschätzt. Dieses Vertrauen zahlt sich nicht nur im Recruiting aus, sondern auch in der Bindung der Talente, die bereits im Unternehmen sind.

Die Gen Z erwartet, dass Unternehmen mit ihren Werten und ihrer Kultur überzeugen. Interne Markenbotschafter:innen sind das Bindeglied zwischen der Organisation und potenziellen Talenten – sie machen die Unternehmenskultur sichtbar und greifbar. Unternehmen, die ihre Mitarbeitenden in diesen Prozess einbinden, gewinnen nicht nur neue Talente, sondern stärken auch den Zusammenhalt und die Loyalität innerhalb des Teams.

4.4 Nachhaltigkeit und soziale Verantwortung als Erfolgsfaktor beim Employer Branding

Nachhaltigkeit und soziale Verantwortung gehören für die Generation Z zu den zentralen Kriterien bei der Wahl ihres Arbeitgebers. Sie möchte in einem Unternehmen arbeiten, das nicht nur wirtschaftlich erfolgreich ist, sondern auch Verantwortung für die Umwelt und die Gesellschaft übernimmt. Diese Ansprüche machen Nachhaltigkeit und soziale Verantwortung zu einem essenziellen Bestandteil eines erfolgreichen Employer Brandings. Unternehmen, die dies nicht ernst nehmen, riskieren, den Anschluss an eine zunehmend werteorientierte Arbeitswelt zu verlieren.

Nachhaltigkeit bedeutet für die Gen Z weit mehr als Recycling oder die Reduzierung des CO_2-Fußabdrucks. Sie fordert, dass Unternehmen aktiv Verantwortung übernehmen – für ihre Lieferketten, ihre Produktionsmethoden und den Umgang mit Ressourcen. Gleichzeitig legt sie großen Wert darauf, dass soziale Themen wie Diversität, Gleichberechtigung und faire Arbeitsbedingungen ernsthaft angegangen werden. Unternehmen, die sich glaubhaft für diese Werte einsetzen, haben einen klaren Wettbewerbsvorteil auf dem Arbeitsmarkt.

Ein wesentlicher Faktor ist dabei die Glaubwürdigkeit. Die Gen Z hat ein feines Gespür für Greenwashing – also den Versuch, Nachhaltigkeit nur vorzutäuschen, ohne echte Maßnahmen umzusetzen. Unternehmen, die Nachhaltigkeit und soziale Verantwortung lediglich propagieren, werden schnell entlarvt. Stattdessen möchte die Gen Z klare Beweise dafür sehen, dass ein Unternehmen seine Werte lebt: Transparente Berichte über Fortschritte und Herausforderungen, konkrete Projekte und eine Kultur, in der Verantwortung spürbar wird.

Doch warum sind Nachhaltigkeit und soziale Verantwortung so entscheidend für das Employer Branding? Sie geben potenziellen Mitarbeitenden das Gefühl, Teil von etwas Größerem zu sein. Die Gen Z will nicht nur einen Job – sie möchte bei einem Unternehmen arbeiten, das einen positiven Beitrag zur Gesellschaft leistet. Dieses Gefühl der Sinnhaftigkeit ist für sie oft wichtiger als eine hohe Vergütung oder andere materielle Benefits.

Für Unternehmen bietet dies eine enorme Chance. Indem sie sich klar zu ökologischen und sozialen Themen positionieren, können sie nicht nur die Gen Z ansprechen, sondern auch ihr bestehendes Team motivieren und binden. Menschen arbeiten lieber für ein Unternehmen, das ihre Werte teilt und eine positive Wirkung auf die Welt hat. Gleichzeitig verbessern nachhaltige Maßnahmen auch das öffentliche Image und schaffen langfristigen wirtschaftlichen Erfolg.

Ein Beispiel dafür ist der Einsatz für Diversität und Gleichberechtigung. Unternehmen, die aktiv daran arbeiten, ein diverses und inklusives Arbeitsumfeld zu schaffen, ziehen nicht nur Talente aus unterschiedlichsten Hintergründen an, sondern profitieren auch von den vielfältigen Perspektiven, die Innovationen fördern. Ähnlich verhält es sich mit ökologischen Maßnahmen: Ein Unternehmen, das klimaneutrale Produkte anbietet oder nachhaltige Produktionsmethoden einführt, zeigt, dass es Verantwortung übernimmt – und wird dafür von der Gen Z geschätzt.

Nachhaltigkeit und soziale Verantwortung sind heute keine Sonderanstrengungen mehr, sondern werden als Selbstverständlichkeit vorausgesetzt. Der wirtschaftliche Erfolg eines Unternehmens ist ohne diese Aspekte kaum noch denkbar, denn sie sind fest in den Erwartungen der jungen Generation verankert. Für Unternehmen bedeutet das, dass sie nicht nur Maßnahmen ergreifen, sondern diese auch klar kommunizieren müssen. Die Gen Z möchte sehen, wie Unternehmen handeln – und warum.

Das Engagement für eine nachhaltige und sozial verantwortliche Zukunft ist nicht nur eine moralische Verpflichtung, sondern ein entscheidender Faktor für den Erfolg eines Unternehmens. Employer Branding, das diese Werte in den Vordergrund stellt, spricht die Gen Z direkt an und schafft eine Grundlage für langfristige Loyalität. Denn für diese Generation ist klar: Wer Teil der Lösung ist, wird auch Teil ihrer Zukunft sein.

4.5 Digitalisierung im Employer Branding

Die Digitalisierung hat nicht nur die Art und Weise verändert, wie Unternehmen arbeiten, sondern auch, wie sie wahrgenommen werden. Gerade im Employer Branding eröffnet die digitale Welt neue Möglichkeiten, um mit potenziellen Talenten in Kontakt zu treten und die eigene Arbeitgebermarke sichtbar zu machen. Für die Generation Z, die mit sozialen Medien und digitalen Plattformen aufgewachsen ist, ist die Präsenz eines Unternehmens in der digitalen Welt oft der erste Eindruck – und der muss überzeugen.

Ein zentraler Vorteil der Digitalisierung im Employer Branding liegt in ihrer Reichweite. Über Social-Media-Kanäle, Karriereportale und Unternehmenswebsites können Unternehmen ihre Werte, Kultur und offenen Stellen einer breiten Zielgruppe präsentieren. Doch für die Gen Z zählt nicht nur, dass ein Unternehmen digital präsent ist, sondern wie es sich dort präsentiert. Authentizität und Glaubwürdigkeit sind entscheidend, um die junge Generation anzusprechen.

Social Media spielt dabei eine Schlüsselrolle. Plattformen wie Instagram, TikTok oder LinkedIn ermöglichen Unternehmen, Einblicke in den Arbeitsalltag zu geben, aktuelle Projekte zu zeigen oder Mitarbeitende zu Wort kommen zu lassen. Gerade ungefilterte und spontane Inhalte wirken auf die Gen Z glaubwürdiger als hochprofessionelle Werbekampagnen. Ein kurzes Video, das den Teamspirit oder die Arbeitsatmosphäre einfängt, hat oft eine größere Wirkung als ein aufwendig produzierter Imagefilm.

Doch Digitalisierung im Employer Branding geht über Social Media hinaus. Die Karriereseite eines Unternehmens ist ein weiterer zentraler Touchpoint. Für die Gen Z muss sie mehr sein als eine bloße Sammlung offener Stellen – sie sollte ein umfassendes Bild davon vermitteln, wofür das Unternehmen steht. Videos, Erfahrungsberichte von Mitarbeitenden und interaktive Inhalte können dabei helfen, die Unternehmenskultur greifbar zu machen.

Ein weiterer Meilenstein in der Digitalisierung des Employer Brandings ist die Personalisierung, die durch digitale Tools möglich wird. Potenzielle Bewerber:innen erwarten, dass sie individuell angesprochen werden und nicht nur eine Standardantwort auf ihre Bewerbung erhalten. KI-gestützte Tools können dabei helfen, Bewerbungsprozesse zu optimieren und den Dialog mit Kandidat:innen persönlicher zu gestalten. Automatisierte Systeme, die gezielte Rückmeldungen geben oder passende Stellen vorschlagen, zeigen, dass ein Unternehmen die Bedürfnisse und Interessen der Bewerbenden ernst nimmt.

Gleichzeitig bietet die Digitalisierung Unternehmen die Möglichkeit, Daten zu nutzen, um ihre Employer-Branding-Strategien zu verbessern. Analysen über die Reichweite und Wirkung von Social-Media-Kampagnen oder Einblicke in das Verhalten von Website-Besucher:innen können helfen, gezielter auf die Zielgruppe einzugehen. Doch auch hier gilt: Datenschutz und Transparenz sind essenziell, um Vertrauen aufzubauen.

Für die Gen Z ist die digitale Welt ein fester Bestandteil ihres Lebens – und damit auch ein unverzichtbarer Kanal für Employer Branding. Unternehmen, die ihre digitale Präsenz nutzen, um sich nahbar, authentisch und modern zu präsentieren, schaffen eine Verbindung, die über reine Informationen hinausgeht. Sie gestalten Erlebnisse, die das Unternehmen nicht nur sichtbar machen, sondern es für Talente spürbar werden lassen.

Für Unternehmen ist es jedoch wichtig, die Balance zu halten. Digitalisierung darf nicht zum Selbstzweck werden. Sie sollte immer darauf abzielen, den Bewerbungsprozess zu vereinfachen, die Unternehmenskultur erlebbar zu machen und potenziellen Talenten einen echten Mehrwert zu bieten. Employer Branding in der digitalen Welt bedeutet, authentisch, nahbar und relevant zu sein – und genau das ist es, was die Gen Z von ihren potenziellen Arbeitgeber:innen erwartet.

Meine wichtigsten Notizen:

Meine wichtigsten Notizen:

_____

_____

_____

_____

_____

_____

_____

_____

_____

_____

_____

_____

KAPITEL 5:

Agile Führung: Führung im Wandel

5.1 Der Führungsanspruch der Gen Z

Die Generation Z bringt eine vollkommen neue Perspektive auf Führung mit – eine Perspektive, die von Offenheit, Respekt und einer klaren Kommunikation geprägt ist. Anders als frühere Generationen akzeptiert sie Autorität nicht mehr automatisch, sondern stellt sie infrage. Sie möchte verstehen, warum Entscheidungen getroffen werden, und erwartet von ihren Führungskräften, dass sie sich als Teil des Teams verstehen und nicht als alleinige Entscheider:innen.

Für die Gen Z steht fest: Führung ist keine Einbahnstraße. Sie möchte mitreden, gehört werden und Teil des Entscheidungsprozesses sein. Dabei geht es nicht um das Abschaffen von Führung, sondern um eine Neudefinition. Die junge Generation sucht Führungspersönlichkeiten, die inspirieren, anleiten und unterstützen, ohne dabei von oben herab zu agieren. Respekt und Kommunikation auf Augenhöhe sind für sie zentrale Anforderungen an eine gute Führungskraft.

Ein wichtiger Aspekt des Führungsanspruchs der Gen Z ist das Bedürfnis nach regelmäßiger und konstruktiver Rückmeldung. Sie ist es gewohnt, in Echtzeit Feedback zu erhalten – sei es durch soziale Medien oder digitale Plattformen. Dieses Bedürfnis spiegelt sich auch in ihrem Berufsleben wider. Jährliche Mitarbeitergespräche sind für sie nicht ausreichend; sie erwartet monatliches, wenn nicht sogar wöchentliches Feedback, das sie weiterbringt und ihre Leistung sichtbar macht. Führungskräfte, die dieses Bedürfnis erkennen und darauf eingehen, schaffen eine Kultur, in der Mitarbeitende motiviert und engagiert bleiben.

Zudem legt die Gen Z großen Wert darauf, dass ihre Führungskräfte authentisch sind. Sie schätzt Persönlichkeiten, die sich selbst treu bleiben, Fehler eingestehen können und nicht versuchen, sich hinter einer unnahbaren Fassade zu verstecken. Authentizität schafft Vertrauen – und genau dieses Vertrauen bildet die Grundlage für eine erfolgreiche und respektvolle Zusammenarbeit.

Doch Authentizität allein reicht nicht aus. Die Gen Z sucht Führungspersönlichkeiten, die ihre individuellen Stärken erkennen und fördern. Pauschale Anweisungen oder allgemeine Zielvorgaben greifen hier zu kurz. Sie möchte, dass ihre Führungskräfte auf ihre Bedürfnisse eingehen, persönliche Entwicklungsmöglichkeiten bieten und gleichzeitig die Freiheit lassen, eigene Entscheidungen zu treffen. Dieser Wunsch nach Führung, die sowohl anleitet als auch Freiraum gibt, mag auf den ersten Blick widersprüchlich erscheinen, ist aber Ausdruck eines differenzierten Anspruchs: Die Gen Z möchte wachsen und sich gleichzeitig frei entfalten können.

Für Unternehmen bedeutet das, Führung neu zu denken. Die klassischen Hierarchien und Kontrollmechanismen, die lange Zeit die Arbeitswelt bestimmten, passen nicht mehr in die Lebensrealität der jungen Generation. Stattdessen müssen Führungskräfte lerner, flexibel, empathisch und anpassungsfähig zu sein. Sie sind nicht nur Vorgesetzte, sondern auch Coaches, die ihren Teams Orientierung und Unterstützung bieten.

Der Führungsanspruch der Gen Z stellt keine Bedrohung dar, sondern eine Chance. Er zwingt Unternehmen, ihre Führungskultur zu hinterfragen und weiterzuentwickeln. Dabei geht es nicht darum, traditionelle Werte komplett über Bord zu werfen, sondern darum, sie mit den neuen Anforderungen der jungen Generation in Einklang zu bringen. Unternehmen, die diesen Wandel verstehen und aktiv gestalten, schaffen eine Arbeitskultur, die nicht nur die Gen Z anspricht, sondern auch die Zusammenarbeit zwischen den Generationen stärkt.

5.2 Agile Führung verstehen

In einer Welt, die von ständigem Wandel und zunehmender Komplexität geprägt ist, reicht traditionelle Führung nicht mehr aus. Starre Strukturen und top-down Entscheidungsprozesse geraten an ihre Grenzen, wenn Veränderungen immer schneller auf Unternehmen einwirken. Genau hier kommt agile Führung ins Spiel – ein Führungsansatz, der sich flexibel anpassen kann, ohne dabei das große Ganze aus den Augen zu verlieren.

Doch was bedeutet agile Führung eigentlich? Sie basiert auf den Prinzipien der Agilität, die ursprünglich in der Softwareentwicklung ihren Ursprung hatten. Ziel ist es, schnell und effizient auf Veränderungen zu reagieren, die Mitarbeitenden aktiv einzubinden und durch kurze Entscheidungswege die Anpassungsfähigkeit des gesamten Unternehmens zu fördern. Agile Führung ist kein festes Regelwerk sondern ein Mindset, das sich auf Flexibilität, Eigenverantwortung und kontinuierliche Weiterentwicklung stützt.

Für die Gen Z passt dieser Ansatz perfekt zu ihren Vorstellungen von Arbeit und Führung. Sie sucht nach einer Führung, die nicht nur reagiert, sondern proaktiv gestaltet. Agile Führungskräfte delegieren nicht einfach Aufgaben, sondern schaffen den Rahmen, in dem Teams selbstständig arbeiten und Verantwortung übernehmen können. Dabei agieren sie nicht als klassische Autoritätspersonen, sondern als Coaches und Unterstützer:innen, die ihre Teams ermutigen, eigene Wege zu finden.

Ein zentraler Bestandteil agiler Führung ist die Kommunikation. Transparenz und Offenheit stehen im Mittelpunkt. Mitarbeitende möchten verstehen, warum Entscheidungen getroffen werden, und erwarten, dass sie aktiv in Entscheidungsprozesse eingebunden werden. Agile Führungskräfte stellen sicher, dass Informationen klar und verständlich vermittelt werden, und schaffen eine Atmosphäre, in der Fragen und Diskussionen willkommen sind.

Agile Führung ist jedoch nicht nur eine Methode, um auf Veränderungen zu reagieren – sie schafft auch einen Rahmen für Innovation. Durch die Förderung von Kreativität und Eigeninitiative entstehen Lösungen, die in einem traditionellen Umfeld oft nicht denkbar wären. Teams, die wissen, dass sie Fehler machen dürfen, ohne dafür sanktioniert zu werden, sind mutiger und bereit, neue Wege zu gehen. Dieser innovative Geist ist besonders wichtig, um in einer volatilen und unsicheren Welt wettbewerbsfähig zu bleiben.

Die Herausforderungen agiler Führung dürfen jedoch nicht unterschätzt werden. Nicht alle Mitarbeitenden sind sofort bereit, die Verantwortung zu übernehmen, die mit einem agilen Ansatz einhergeht. Besonders ältere Generationen, die an klare Anweisungen und feste Strukturen gewöhnt sind, können sich schwertun, in einem agilen Umfeld zurechtzukommen. Hier liegt es an den Führungskräften, die Teams schrittweise an diesen Ansatz heranzuführen, Unsicherheiten abzubauen und die nötigen Kompetenzen zu vermitteln.

Für die Gen Z ist agile Führung ein Zeichen von Modernität und Anpassungsfähigkeit. Sie schätzt die Möglichkeit, sich in einem flexiblen Umfeld selbst zu organisieren und gleichzeitig auf die Unterstützung der Führungskraft zählen zu können. Unternehmen, die agile Führung erfolgreich umsetzen, schaffen nicht nur ein attraktives Arbeitsumfeld, sondern auch die Grundlage für langfristigen Erfolg.

Am Ende geht es bei agiler Führung nicht nur um Methoden oder Tools, sondern um eine Haltung. Sie erfordert von Führungskräften, dass sie sich von der Idee lösen, alles kontrollieren zu müssen, und stattdessen Vertrauen in ihre Teams setzen. Diese Haltung schafft nicht nur Effizienz, sondern auch ein Arbeitsklima, das Kreativität und Innovation fördert – und das ist genau das, was die Generation Z und die Arbeitswelt der Zukunft brauchen.

5.3 Die Herausforderungen agiler Führung

Agile Führung mag auf den ersten Blick wie die perfekte Antwort auf die dynamischen Anforderungen der heutigen Arbeitswelt erscheinen. Doch wie jeder Ansatz, der tiefgreifende Veränderungen erfordert, bringt auch dieser Herausforderungen mit sich – für Unternehmen, Führungskräfte und Teams gleichermaßen.

Eine der größten Herausforderungen ist der Wandel von traditionellen Hierarchien zu flexiblen Strukturen. Viele Unternehmen, insbesondere Traditionsunternehmen, sind seit Jahrzehnten in festen Hierarchien verankert, in denen Entscheidungen von oben nach unten getroffen werden. Agile Führung stellt diese Struktur auf den Kopf. Führungskräfte müssen lernen, Kontrolle abzugeben und Vertrauen in ihre Teams zu setzen – ein Prozess, der gerade in etablierten Organisationen auf Widerstände stoßen kann.

Ein weiteres Hindernis ist die Bereitschaft der Mitarbeitenden, Verantwortung zu übernehmen. Während die Gen Z von Natur aus offen für Eigenverantwortung und Selbstorganisation ist, tun sich ältere Generationen oft schwerer damit. Sie sind an klare Anweisungen gewöhnt und fühlen sich in agilen Strukturen, die Flexibilität und Eigeninitiative erfordern, manchmal überfordert. Hier ist es entscheidend, das Team Schritt für Schritt an die neue Arbeitsweise heranzuführen und gezielte Schulungen anzubieten, um Unsicherheiten abzubauen.

Besonders deutlich wird die Herausforderung agiler Führung in Dienstleistungsbranchen wie dem Handwerk, der Gastronomie oder dem Transportwesen. Diese Bereiche zeichnen sich oft durch feste Abläufe, Zeitpläne und klare Hierarchien aus, die scheinbar im Widerspruch zu agilen Konzepten stehen. Doch auch wenn es in solcher Branchen schwierig oder schlicht nicht möglich ist, agile Arbeitsmethoden vollständig zu integrieren, ist eine agile Führung möglich. Agile Führung bedeutet nämlich vor allem, Mitarbeitende aktiv in Entscheidungsprozesse einzubinden und ihre Ideen und Meinungen ernst zu nehmen. Selbst in stark reglementierten Arbeitsumfeldern kann diese Art der Führung zu einer spürbaren Verbesserung der Arbeitsatmosphäre und der Motivation führen. Wenn Mitarbeitende das Gefühl haben, gehört zu werden und an der Gestaltung ihres Arbeitsalltags beteiligt zu sein, entsteht ein stärkeres Gefühl vor Eigenverantwortung und Zugehörigkeit – unabhängig von der Branche.

Ein weiteres kritisches Thema ist die Kommunikation. Agile Führung setzt auf Transparenz, Offenheit und kontinuierlichen Dialog – Aspekte die in vielen Unternehmen nicht selbstverständlich sind. Führungskräfte die nicht bereit sind, ihre Entscheidungen offenzulegen oder den Mitarbeitenden Raum für Diskussionen zu geben, stoßen schnell an die Grenzen des agilen Modells. Um diese Hürde zu überwinden, ist ein Kulturwandel nötig, der Transparenz und Kommunikation als Grundpfeiler etabliert.

Auch die Rolle der Führungskraft selbst verändert sich grundlegend. Agile Führung verlangt von Führungspersönlichkeiten, dass sie nicht mehr als Kontrollinstanz agieren, sondern als Coach und Unterstützer:in. Das bedeutet, dass sie nicht nur die fachlichen Qualifikationen ihrer Teams im Blick haben, sondern auch deren persönliche Entwicklung fördern müssen. Für viele Führungskräfte bedeutet dies, neue Kompetenzen zu entwickeln und ihren Führungsstil komplett zu überdenken – ein Prozess, der Zeit und Willen zur Veränderung erfordert.

Trotz all dieser Herausforderungen bietet agile Führung enorme Chancen. Sie schafft nicht nur die Möglichkeit, auf Veränderungen schneller zu reagieren, sondern fördert auch Innovation, Kreativität und eine stärkere Bindung der Mitarbeitenden. Der Schlüssel liegt darin, die Schwierigkeiten als Teil des Prozesses zu verstehen und ihnen mit einer offenen und lernbereiten Haltung zu begegnen.

Am Ende ist agile Führung weniger ein Ziel, das erreicht werden muss, als vielmehr eine fortlaufende Entwicklung. Unternehmen, die sich dieser Herausforderung stellen und die nötige Geduld aufbringen, werden nicht nur agiler, sondern auch widerstandsfähiger und zukunftsfähiger.

5.4 Empowerment und Selbstorganisation

Die Generation Z möchte geführt werden – aber auf ihre Art. Sie erwartet eine Arbeitswelt, die ihr Raum für Eigeninitiative gibt, ohne sie dabei allein zu lassen. Dieses Spannungsfeld zwischen Führung und Freiheit macht Empowerment und Selbstorganisation zu zentralen Themen in der modernen Arbeitswelt.

Empowerment bedeutet, Mitarbeitende zu befähigen, eigenständig Entscheidungen zu treffen und Verantwortung für ihre Aufgaben zu übernehmen. Es geht darum, ihnen die Werkzeuge, das Wissen und die Unterstützung an die Hand zu geben, die sie brauchen, um erfolgreich zu sein. Besonders für die Gen Z ist dieser Ansatz attraktiv, denn sie möchte nicht nur Aufgaben abarbeiten, sondern aktiv gestalten und eigene Ideen einbringen.

Selbstorganisation ist dabei die logische Ergänzung. Sie beschreibt die Fähigkeit von Teams und Talenten, ihre Arbeit eigenverantwortlich zu strukturieren und umzusetzen. Für die Gen Z, die in einer Welt voller digitaler Tools und agiler Prozesse aufgewachsen ist, ist diese Herangehensweise oft intuitiv. Sie möchte ihre Arbeitszeit flexibel gestalten, eigene Prioritäten setzen und den Arbeitsalltag nach ihren individuellen Bedürfnissen organisieren.

Doch Empowerment und Selbstorganisation sind keine Selbstläufer. Sie erfordern eine Führungskultur, die den Mitarbeitenden vertraut und ihnen die nötigen Freiräume gibt, ohne sie dabei zu überfordern. Führungskräfte müssen lernen, loszulassen und Kontrolle abzugeben, gleichzeitig aber als Coach und Unterstützer:in präsent zu sein. Dieser Balanceakt ist anspruchsvoll, aber entscheidend, um die Gen Z langfristig zu motivieren und zu binden.

Ein zentraler Faktor ist dabei die persönliche Weiterentwicklung. Die Gen Z strebt nach kontinuierlichem Lernen – sowohl beruflich als auch privat. Sie erwartet von ihren Arbeitgeber:innen, dass sie ihr nicht nur die Möglichkeit bieten, neue Fähigkeiten zu erlernen, sondern auch das Gelernte in die Praxis umzusetzen. Unternehmen, die diesen Wunsch ignorieren, riskieren, dass Talente sich anderweitig orientieren. Die Bereitschaft zu investieren, sei es in Fortbildungen, Mentoring-Programme oder innovative Lernmethoden, wird somit zum Wettbewerbsvorteil.

Gleichzeitig sollten Führungskräfte erkennen, dass Selbstorganisation nicht immer reibungslos funktioniert. Besonders bei komplexen Projekten oder in Krisensituationen benötigen Mitarbeitende klare Orientierung und strukturierte Vorgaben. Hier ist es wichtig, flexibel zu bleiben und sich an den jeweiligen Bedürfnissen des Teams zu orientieren. Empowerment bedeutet nicht, Verantwortung einfach abzugeben, sondern sie gemeinsam zu tragen.

Die Vorteile von Empowerment und Selbstorganisation gehen weit über die Zufriedenheit der Gen Z hinaus. Teams, die eigenständig arbeiten, sind oft kreativer, produktiver und innovativer. Sie reagieren schneller auf Veränderungen und übernehmen mehr Verantwortung für ihre Ergebnisse. Diese Haltung wirkt sich nicht nur positiv auf die Arbeitskultur aus, sondern auch auf den wirtschaftlichen Erfolg eines Unternehmens.

Am Ende geht es darum, eine Balance zwischen Freiheit und Führung zu schaffen. Empowerment und Selbstorganisation sind keine Gegensätze zur Führung, sondern ergänzen sie. Unternehmen, die diesen Ansatz verinnerlichen, schaffen eine Arbeitsumgebung, in der die Gen Z ihre Potenziale entfalten kann – und genau das ist der Schlüssel, um die Talente von morgen zu gewinnen und zu halten.

5.5 Die Rolle der Führungskraft in agiler Arbeitsumgebung

Die Anforderungen an Führungskräfte haben sich in den vergangenen Jahren stark verändert. In einer agilen Arbeitsumgebung stehen sie nicht mehr im Mittelpunkt als alleinige Entscheidende, sondern nehmen eine unterstützende und gestaltende Rolle ein. Die Führungskraft ist nicht länger der „Chef" im klassischen Sinne, sondern vielmehr ein Coach, eine Ansprechperson und ein Inspirator für das Team.

Die Generation Z erwartet von ihren Führungskräften, dass sie vor allem eines tun: Orientierung geben, ohne einzuschränken. Agiles Arbeiten bedeutet, dass Teams eigenverantwortlich und flexibel agieren können, dennoch benötigen sie klare Leitlinien und Werte, an denen sie sich ausrichten können. Hier zeigt sich die erste große Aufgabe einer Führungskraft in der agilen Welt: Sie muss den Rahmen schaffen, in dem sich das Team entfalten kann, und gleichzeitig dafür sorgen, dass alle Beteiligten auf gemeinsame Ziele hinarbeiten.

Ein zentraler Aspekt agiler Führung ist die Befähigung der Mitarbeitenden. Führungskräfte sorgen nicht nur dafür, dass die Rahmenbedingungen stimmen, sondern geben ihren Teams auch die Werkzeuge und das Wissen an die Hand, um eigenverantwortlich arbeiten zu können. Empowerment ist dabei nicht nur ein Schlagwort, sondern eine zentrale Führungsaufgabe. Mitarbeitende, die das Gefühl haben, dass ihnen vertraut wird und sie in ihrem Handeln unterstützt werden, sind motivierter und übernehmen bereitwillig Verantwortung.

Diese Befähigung setzt voraus, dass Führungskräfte ihre Teammitglieder genau kennen. Es geht darum, individuelle Stärken zu erkennen und gezielt zu fördern. Jemand, der in seiner Fachdisziplin exzellent ist, benötigt möglicherweise Unterstützung bei organisatorischen Aufgaben. Eine andere Person, die besonders kreativ ist, benötigt vielleicht mehr Struktur, um ihre Ideen gezielt umzusetzen. Die Führungskraft wird somit zum Coach, der die Entwicklung der einzelnen Teammitglieder begleitet und sie dabei unterstützt, innerhalb des gesetzten Rahmens ihre besten Leistungen zu erbringen.

Selbstorganisation funktioniert nur, wenn sich Mitarbeitende sicher fühlen. Hier kommt der Führungskraft eine Schlüsselrolle zu: Sie muss ein Umfeld schaffen, in dem Fehler als Lernchancen gesehen werden und Innovation gefördert wird. Vertrauen und Sicherheit sind die Basis für eine erfolgreiche Zusammenarbeit – und dieses Vertrauen entsteht, wenn Führungskräfte ihren Teams Freiräume gewähren, gleichzeitig aber bei Bedarf als Ansprechpartner:in präsent sind.

Ein weiteres Feld, in dem Führungskräfte eine Schlüsselrolle spielen, ist die Vermittlung von Sinn und Zielen. Die Generation Z möchte nicht nur wissen, wie sie ihre Aufgaben erledigen soll, sondern vor allem, warum sie diese erledigt. Agiles Arbeiten bedeutet nicht, dass alles dem Zufall überlassen wird – im Gegenteil: Die Führungskraft definiert gemeinsam mit dem Team die Richtung, in die es gehen soll, und gibt Orientierung, ohne dabei micromanagen zu müssen.

Die Vorbildfunktion der Führungskraft ist in der agilen Arbeitswelt ebenfalls von entscheidender Bedeutung. Mitarbeitende beobachten genau, ob die Werte und Prinzipien, die im Unternehmen propagiert werden, auch von der Führung gelebt werden. Authentizität, Integrität und die Bereitschaft, selbst Neues zu lernen, sind Eigenschaften, die eine agile Führungskraft auszeichnen. Die Generation Z erwartet von ihren Vorgesetzten, dass sie nicht nur Anweisungen geben, sondern auch selbst Verantwortung übernehmen und sich aktiv in den Arbeitsprozess einbringen.

Letztlich geht es in der agilen Führung darum, die Balance zwischen Kontrolle und Freiheit zu finden. Die Generation Z möchte ihre Arbeit eigenverantwortlich gestalten, dennoch braucht sie eine klare Orientierung und Unterstützung. Führungskräfte, die diesen Spagat meistern, schaffen ein Arbeitsumfeld, in dem sich Talente entfalten können und das Team als Ganzes erfolgreicher ist.

Agile Führung ist keine Aufgabe, die sich mit einer Checkliste abhaken lässt. Sie erfordert kontinuierliche Reflexion, Anpassung und Lernbereitschaft. Doch gerade diese Flexibilität macht sie zu einem wertvollen Ansatz für die Arbeitswelt der Zukunft. Führungskräfte, die bereit sind, sich auf diesen Wandel einzulassen, werden nicht nur den Anforderungen der Gen Z gerecht, sondern auch die Innovationskraft und Resilienz ihrer Unternehmen nachhaltig stärken.

Meine wichtigsten Notizen:

Meine wichtigsten Notizen:

_____

_____

_____

_____

_____

_____

_____

_____

_____

_____

_____

_____

_____

KAPITEL 6:

Digitalisierung:

Der Motor für New Work

6.1 Welche Rolle Digitalisierung in New Work spielt

Die Digitalisierung ist mehr als nur ein technischer Fortschritt – sie ist der Motor, der die Arbeitswelt revolutioniert. In der Ära von New Work hat die Digitalisierung eine zentrale Rolle inne, denn sie schafft die Voraussetzungen für Flexibilität, Agilität und eine bessere Work-Life-Balance. Besonders für die Generation Z, die mit Smartphones, Apps und digitalen Tools aufgewachsen ist, ist ein modernes, digital unterstütztes Arbeitsumfeld eine Selbstverständlichkeit.

Eine der entscheidendsten Veränderungen, die die Digitalisierung mit sich bringt, ist die Entkopplung von Arbeit und Ort. Dank moderner Technologien wie Cloud-Systemen, Videokonferenzen und digitalen Projektmanagement-Tools können Mitarbeitende heute von überall aus arbeiten – sei es im Büro, zu Hause oder unterwegs. Diese Flexibilität ist ein Kernbestandteil von New Work und wird von der Gen Z als grundlegende Voraussetzung für moderne Arbeitsverhältnisse betrachtet. Sie erwartet von ihren Arbeitgeber:innen, dass diese die technischen Voraussetzungen schaffen, um hybrides Arbeiten möglich zu machen.

Gleichzeitig ermöglicht die Digitalisierung effizientere Arbeitsprozesse. Automatisierungen übernehmen monotone und zeitintensive Aufgaben, sodass sich Mitarbeitende auf kreative und strategische Tätigkeiten konzentrieren können. Künstliche Intelligenz, etwa in der Datenanalyse oder im Kundenservice, erleichtert nicht nur den Arbeitsalltag, sondern eröffnet auch neue Möglichkeiten, die Arbeitswelt zu gestalten. Für Unternehmen bedeutet das nicht nur Effizienzgewinne, sondern auch die Chance, Talente zu binden, die sinnvolle und herausfordernde Aufgaben suchen.

Doch die Digitalisierung geht über die Effizienzsteigerung hinaus – sie verändert auch die Art und Weise, wie Teams zusammenarbeiten Kollaborationstools wie Slack, Microsoft Teams oder Trello fördern eine enge Zusammenarbeit, selbst wenn die Teammitglieder an unterschiedlichen Standorten arbeiten. Diese Tools ermöglichen nicht nur eine nahtlose Kommunikation, sondern auch Transparenz, indem sie den Fortschritt von Projekten für alle Beteiligten sichtbar machen.

Für die Gen Z, die in einer Welt ständiger digitaler Kommunikation aufgewachsen ist, sind solche Tools eine Selbstverständlichkeit. Doch nicht jedes Team kommt mit digitalen Technologien gleich gut zurecht. Gerade ältere Generationen oder Mitarbeitende, die lange r traditionellen Arbeitsmodellen tätig waren, können sich von der Digitalisierung überfordert fühlen. Hier liegt die Verantwortung bei den Unternehmen, digitale Kompetenzen zu fördern und der Umgang mit neuen Technologien zu erleichtern. Schulungen, Mentoring-Programme und eine schrittweise Einführung neuer Tools können dazu beitragen, Widerstände abzubauen und die Vorteile der Digitalisierung für alle Mitarbeitenden zugänglich zu machen.

Ein weiterer zentraler Aspekt der Digitalisierung ist ihre Rolle bei der Bewältigung des Fachkräftemangels. Automatisierungen und KI-gestützte Systeme können helfen, Lücken in der Belegschaft zu schließen, indem sie Aufgaben übernehmen, die keine menschliche Interaktion erfordern. Doch auch hier gilt: Die Technologie ersetzt keine Menschen, sondern entlastet sie. Mitarbeitende werden dadurch in die Lage versetzt, sich auf komplexere und anspruchsvollere Tätigkeiten zu konzentrieren, während repetitive Aufgaben von Maschinen erledigt werden.

Die Digitalisierung ist also ein Werkzeug, um die Arbeitswelt flexibler, effizienter und attraktiver zu machen. Unternehmen, die diese Möglichkeiten erkennen und aktiv nutzen, schaffen nicht nur ein modernes Arbeitsumfeld, sondern auch eine Kultur, die für die Generation Z und kommende Generationen ansprechend ist. Denn für die junge Generation ist klar: Eine zukunftsfähige Arbeitswelt ist eine digitale Arbeitswelt.

6.2 Empowerment durch digitales Lernen und maximale Potenzialentfaltung

Die Digitalisierung hat die Art des Lernens tiefgreifend verändert. Für die Generation Z, die mit digitalen Medien und Plattformen aufgewachsen ist, sind klassische Schulungsmodelle oft nicht mehr zeitgemäß. Sie erwartet von ihrem Arbeitsplatz flexible, innovative Lernmöglichkeiten, die es ihr erlauben, sich individuell und im eigenen Tempo weiterzuentwickeln und neue Fähigkeiten direkt in die Praxis umzusetzen.

Digitales Lernen bietet genau diese Flexibilität. Durch Online-Kurse, Lernplattformen und E-Learning-Apps können Mitarbeitende selbst entscheiden, wann und wie sie lernen möchten. Sie sind nicht mehr an feste Zeitpläne oder physische Schulungsräume gebunden, sondern können Wissen in ihrem eigenen Tempo und passend zu ihrem Alltag erwerben. Diese Individualität kommt besonders der Gen Z entgegen, die eigenverantwortliches Arbeiten und Lernen schätzt.

Doch digitales Lernen ist mehr als nur ein technisches Hilfsmittel. Es bietet Unternehmen die Möglichkeit, ihre Mitarbeitenden aktiv zu fördern und zu befähigen. Wenn Mitarbeitende neue Fähigkeiten erwerben und erleben, dass ihre persönliche und berufliche Weiterentwicklung ernst genommen wird, steigt nicht nur ihre Motivation, sondern auch ihre Bindung an das Unternehmen. Genau dieses Gefühl der Wertschätzung ist ein zentraler Faktor für die Gen Z, die in ihrem Job mehr sucht als bloß einen sicheren Arbeitsplatz.

Ein entscheidender Punkt ist jedoch die Anwendung des Gelernten. Für die Generation Z ist es nicht ausreichend, neues Wissen anzuhäufen – sie möchte es aktiv in ihren Arbeitsalltag einbringen. Unternehmen, die die Möglichkeit schaffen, neue Fähigkeiten unmittelbar praktisch umzusetzen, zeigen nicht nur, dass sie die Entwicklung ihrer Mitarbeitenden unterstützen, sondern stärken auch das Vertrauen und die Motivation ihrer Teams.

Ferner eröffnet digitales Lernen den Zugang zu einer breiten Palette an Inhalten, die vorher schwer zugänglich waren. Mitarbeitende können nicht nur spezifische Fachkenntnisse erwerben, sondern auch persönliche Kompetenzen wie Zeitmanagement, Resilienz oder kreatives Denken stärken. Besonders Soft Skills gewinnen in der modernen Arbeitswelt an Bedeutung, da sie entscheidend dafür sind, wie Mitarbeitende mit den Herausforderungen einer sich wandelnden Arbeitswelt umgehen.

Ein weiterer Vorteil digitaler Lernmöglichkeiten liegt in der Anpassungsfähigkeit der Inhalte. Unternehmen können ihre Angebote schnell an neue Anforderungen anpassen, etwa wenn technologische Veränderungen oder neue Branchenentwicklungen dies erfordern. Dadurch bleibt die Belegschaft stets auf dem neuesten Stand, was insbesondere in dynamischen Märkten einen Wettbewerbsvorteil bietet.

Neben der individuellen Förderung bringt digitales Lernen auch Vorteile für die gesamte Organisation. In einer schnelllebigen Arbeitswelt ist es essenziell, auf dem neuesten Stand zu bleiben. Ob es um technologische Neuerungen, Soft Skills oder branchenspezifisches Wissen geht – Unternehmen, die eine Kultur des Lernens fördern, schaffen sich eine resiliente und innovative Belegschaft.

Dabei ist es wichtig, digitale Lernangebote durchdacht einzuführen. Eine klare Struktur und gezielte Orientierung sind entscheidend, um zu vermeiden, dass Mitarbeitende von der Vielfalt der Möglichkeiten überfordert werden. Statt einer Flut an unübersichtlichen Angeboten benötigen Teams maßgeschneiderte Optionen, die auf ihre Bedürfnisse und Ziele abgestimmt sind.

Schließlich sollte das digitale Lernen nicht isoliert betrachtet werden. Es ergänzt traditionelle Lernmethoden und persönliche Coachings, die ebenfalls ihren Platz in einem modernen Lernumfeld haben. Die Kombination aus digitalen Tools und direkter menschlicher Interaktion schafft ein ganzheitliches Lernangebot, das sowohl die Gen Z als auch andere Generationen anspricht.

Am Ende geht es darum, eine Umgebung zu schaffen, in der Lernen nicht nur gefördert wird, sondern Teil des Arbeitsalltags wird. Digitale Tools sind ein mächtiges Werkzeug, um diese Lernkultur zu etablieren. Unternehmen, die dies erfolgreich umsetzen, bieten der Gen Z nicht nur einen attraktiven Arbeitsplatz, sondern eine Plattform, auf der sie ihr Potenzial voll entfalten kann – ein entscheidender Faktor in einer Arbeitswelt, die sich ständig weiterentwickelt.

6.3 Künstliche Intelligenz: Chancen und Herausforderungen

Künstliche Intelligenz (KI) hat in den vergangenen Jahren einen enormen Einfluss auf die Arbeitswelt gewonnen. Was vor wenigen Jahrzehnten noch als Science-Fiction galt, ist heute Realität: KI übernimmt repetitive Aufgaben, unterstützt bei der Entscheidungsfindung und ermöglicht gänzlich neue Arbeitsweisen. Für die Generation Z, die mit der Digitalisierung aufgewachsen ist, ist KI keine Bedrohung, sondern eine spannende Möglichkeit, die Arbeitswelt effizienter und innovativer zu gestalten.

Eine der größten Chancen von KI liegt in der Automatisierung monotoner Tätigkeiten. Aufgaben wie Datenanalysen, Berichterstellung oder die Bearbeitung von Routineanfragen können von KI-Systemen übernommen werden. Dadurch werden Mitarbeitende entlastet und haben mehr Zeit, sich auf kreative und strategische Aufgaben zu konzentrieren. Besonders in Bereichen wie dem Kundenservice, der Logistik oder der Buchhaltung zeigt sich, wie KI Prozesse optimieren und gleichzeitig die Arbeitszufriedenheit steigern kann.

Doch KI bietet nicht nur Effizienzgewinne. Sie eröffnet auch neue Möglichkeiten, Mitarbeitende zu unterstützen. Intelligente Lern-plattformen, die auf die individuellen Bedürfnisse der Nutzenden eingehen, sind ein Beispiel dafür, wie KI das Lernen revolutioniert. Diese Systeme analysieren das Lernverhalten und schlagen passgenaue Inhalte vor, wodurch das Lernen effektiver und zielgerichteter wird.

Ein weiteres Feld, in dem KI eine zentrale Rolle spielt, ist das Recruiting. Automatisierte Bewerbungsprozesse, die Lebensläufe analysieren oder passende Kandidat:innen vorschlagen, sparen Zeit und helfen, objektivere Entscheidungen zu treffen. Dennoch bleibt die menschliche Komponente im Recruiting entscheidend: KI kann unterstützen, sollte aber nicht die alleinige Entscheidungsinstanz sein. Der persönliche Kontakt und die Werteorientierung dürfen im Bewerbungsprozess nicht verloren gehen.

Trotz der vielen Vorteile gibt es auch Herausforderungen, die mit der Integration von KI einhergehen. Eine der zentralen Fragen ist der Umgang mit Datenschutz und Privatsphäre. Mitarbeitende und Bewerbende müssen sicher sein können, dass ihre Daten geschützt sind und nicht missbräuchlich verwendet werden. Transparenz und klare Richtlinien sind essenziell, um Vertrauen in KI-Systeme zu schaffen.

Ein weiteres sensibles Thema ist die Angst vor Jobverlusten. Viele Menschen befürchten, dass KI ihre Arbeit ersetzen könnte. Diese Sorgen sind nicht unbegründet, da einige Tätigkeiten tatsächlich automatisiert werden. Gleichzeitig entstehen jedoch neue Berufe und Aufgaben, die menschliche Kreativität, Empathie und Problemlösungsfähigkeiten erfordern – Eigenschaften, die Maschinen nicht ersetzen können. Unternehmen stehen in der Verantwortung, diesen Wandel aktiv zu gestalten und ihre Mitarbeitenden auf die neuen Anforderungen vorzubereiten.

Für die Generation Z ist die Integration von KI in den Arbeitsalltag keine Frage des Ob, sondern des Wie. Sie erwartet, dass KI nicht als Konkurrenz, sondern als Unterstützung eingesetzt wird. Unternehmen, die KI sinnvoll implementieren, schaffen nicht nur Effizienz, sondern auch ein Arbeitsumfeld, das den Anforderungen der modernen Generation gerecht wird.

Ein oft übersehener Vorteil von KI ist ihre Rolle bei der Bewältigung des Fachkräftemangels. In vielen Branchen ist es bereits heute schwierig, qualifizierte Mitarbeitende zu finden. KI kann dabei helfen, diese Lücken zu schließen, indem sie etwa die Produktivität steigert oder Fachkräfte von administrativen Aufgaben entlastet. Dadurch wird die vorhandene Belegschaft nicht überlastet und kann sich auf die wirklich entscheidenden Aufgaben konzentrieren.

Letztlich ist KI ein Werkzeug – weder gut noch schlecht, sondern abhängig davon, wie sie eingesetzt wird. Unternehmen, die ihre Mitarbeitenden einbeziehen, transparent kommunizieren und die Vorteile von KI gezielt nutzen, schaffen eine Grundlage für eine zukunftsfähige Arbeitskultur. Die Generation Z, die sich anpassungsfähig und technikaffin zeigt, sieht in KI vor allem eine Chance, Arbeit sinnvoller und erfüllender zu gestalten.

6.4 Next-Gen-Recruiting: Die Rolle von KI

Das Recruiting hat sich in den vergangenen Jahren grundlegend verändert. Während früher Stellenanzeigen in Zeitungen und auf Jobbörsen ausreichten, um Talente anzuziehen, sind heute innovative Technologien wie Künstliche Intelligenz (KI) ein fester Bestandteil moderner Recruiting-Strategien. Besonders bei der Ansprache der Generation Z, die technologische Lösungen gewohnt ist, kann KI einen entscheidenden Unterschied machen.

Eine der größten Stärken von KI im Recruiting liegt in ihrer Fähigkeit, große Datenmengen in kürzester Zeit zu analysieren. Während ein Mensch Stunden oder sogar Tage benötigt, um Bewerbungsunterlagen zu sichten, kann KI diese Aufgabe in Sekunden erledigen. Doch es geht nicht nur um Schnelligkeit: KI-Systeme sind in der Lage, relevante Fähigkeiten, Erfahrungen und Schlüsselbegriffe in Lebensläufen zu identifizieren und so eine Vorauswahl potenzieller Kandidat:innen zu treffen. Dies spart Zeit und Ressourcen, die Unternehmen in den weiteren Auswahlprozess investieren können.

Ein weiterer Vorteil von KI ist ihre Objektivität. Menschen neigen dazu, unbewusste Vorurteile in Entscheidungsprozesse einfließen zu lassen – sei es aufgrund von Geschlecht, Herkunft oder anderen Faktoren. KI kann dazu beitragen, diese Biases zu minimieren, indem sie sich ausschließlich auf die Daten konzentriert. Wichtig ist jedoch, dass die Algorithmen transparent und diversitätsorientiert programmiert werden, um sicherzustellen, dass die Technologie nicht bestehende Vorurteile reproduziert.

Die Möglichkeiten von KI im Recruiting gehen jedoch weit über die Analyse von Lebensläufen hinaus. Chatbots können beispielsweise erste Kontaktpunkte mit Bewerbenden übernehmen, Fragen beantworten und sogar grundlegende Informationen zum Unternehmen oder zur ausgeschriebenen Stelle bereitstellen. Diese automatisierten Interaktionen sind besonders für die Gen Z attraktiv, da sie an schnelle und unkomplizierte Kommunikation gewöhnt ist. Gleichzeitig entlasten sie die HR-Teams, die sich auf persönlichere Aspekte des Bewerbungsprozesses konzentrieren können.

KI kann auch bei der Personalisierung des Bewerbungsverfahrens unterstützen. Intelligente Systeme sind in der Lage, Bewerbenden basierend auf ihren Interessen und Fähigkeiten gezielte Jobvorschläge zu machen oder personalisierte Inhalte zu präsentieren, die ihnen einen Einblick in die Unternehmenskultur geben. Diese individuelle Ansprache vermittelt das Gefühl, dass Bewerbende nicht nur eine Nummer sind, sondern dass das Unternehmen ihre Bedürfnisse ernst nimmt.

Trotz all dieser Vorteile darf KI jedoch nicht die menschliche Komponente im Recruiting ersetzen. Die Gen Z legt großen Wert auf Authentizität und persönliche Interaktion. KI kann den Prozess unterstützen, sollte aber nicht den Eindruck erwecken, dass Maschinen die Entscheidungen treffen. Gerade im finalen Auswahlprozess sind persönliche Gespräche und eine werteorientierte Einschätzung unverzichtbar, um sicherzustellen, dass die Chemie zwischen Unternehmen und Bewerbenden stimmt.

Ein weiterer wichtiger Aspekt ist die Nachverfolgung und Analyse der Candidate Experience. KI kann Daten darüber sammeln, wie Bewerbende den Recruiting-Prozess erleben, welche Touchpoints besonders gut funktionieren und wo Optimierungspotenzial besteht. Diese Erkenntnisse helfen Unternehmen, ihre Prozesse kontinuierlich zu verbessern und eine positive Candidate Journey zu schaffen – ein zentraler Faktor, um die Gen Z anzusprechen.

Letztlich ist KI ein mächtiges Werkzeug, das das Recruiting effizienter, objektiver und personalisierter machen kann. Unternehmen, die KI sinnvoll in ihren Prozessen integrieren, verschaffen sich nicht nur einen Wettbewerbsvorteil, sondern schaffen auch eine ansprechende Candidate Experience, die die Werte und Bedürfnisse der Generation Z widerspiegelt. Der Schlüssel liegt darin, die Technologie als Unterstützung zu nutzen, ohne den menschlichen Faktor aus den Augen zu verlieren.

Meine wichtigsten Notizen:

KAPITEL 7:

People Experience (PX):
HR neu gedacht!

7.1 Die Revolution durch die Gen Z: Warum HR out ist

„HR ist tot." Diese Aussage mag provokant klingen, trifft aber den Kern der Veränderung, die die Arbeitswelt durchläuft. Die klassische Personalabteilung, die Menschen als „Human Resources" – also als Ressourcen – verwaltet, ist für die Generation Z nicht mehr zeitgemäß. Diese Denkweise reduziert Mitarbeitende auf ihren Nutzen für das Unternehmen und widerspricht den Werten einer Generation, die Individualität, Wertschätzung und Sinnhaftigkeit in den Vordergrund stellt.

Die Gen Z will nicht als Ressource behandelt werden, sondern als Mensch. Der Begriff „Human Resources" ist für sie veraltet und klingt kalt und unpersönlich. Arbeitgebende, die diese Einstellung nicht erkennen, riskieren, Talente zu verlieren – nicht nur an Mitbewerbende, sondern auch an Branchen oder Länder, die die Bedürfnisse der jungen Generation besser verstehen und umsetzen.

Die Ablehnung klassischer HR-Ansätze ist kein reines Modephänomen, sondern Ausdruck eines fundamentalen Wandels. Die Gen Z ist in einer Zeit aufgewachsen, in der Individualität gefeiert wird und Persönlichkeiten zählen. Sie erwartet von ihren Arbeitgebenden, dass sie sich genauso intensiv für ihre Bedürfnisse interessieren wie für die nächste Quartalsbilanz. Unternehmen, die weiterhin an traditionellen Strukturen und Methoden festhalten, werden langfristig weder Talente anziehen noch binden können.

Doch warum ist das so? Die Gen Z hat ein feines Gespür für Authentizität und Werte. Wenn Arbeitgebende eine Unternehmenskultur predigen, die Wertschätzung und Respekt in den Vordergrund stellt, gleichzeitig aber starre Prozesse und unpersönliche Strukturen beibehalten, entsteht ein Widerspruch, den die junge Generation nicht akzeptieren kann. Für sie ist klar: Der Mensch muss im Mittelpunkt stehen – nicht die Prozesse oder die Verwaltung.

Hier setzt der Wandel von „Human Resources" (HR) zu „People Experience" (PX) an. Während HR sich auf die Verwaltung von Mitarbeitenden konzentriert, zielt PX darauf ab, positive Erlebnisse zu schaffen, die die Bedürfnisse, Wünsche und Werte der Mitarbeitenden ernst nehmen. Es geht nicht mehr darum, wie Arbeitnehmende in die bestehenden Prozesse passen, sondern wie Unternehmen sich an die Lebensrealitäten und Erwartungen ihrer Mitarbeitenden anpassen können.

Die Revolution hin zur People Experience beginnt bei der Unternehmenskultur. Statt starre Regeln vorzugeben, schaffen Unternehmen, die auf PX setzen, einen Rahmen, in dem sich Mitarbeitende entfalten können. Dieser Ansatz umfasst alles – vom ersten Kontakt im Bewerbungsprozess über das tägliche Arbeitsumfeld bis hin zur persönlichen Entwicklung der Mitarbeitenden.

Ein entscheidender Vorteil von PX ist, dass es nicht nur auf die Bedürfnisse der Gen Z eingeht, sondern auch auf die Anforderungen der Arbeitswelt von morgen. Mitarbeitende, die sich wohlfühlen, wertgeschätzt werden und sich mit den Werten ihres Arbeitgebers identifizieren, sind motivierter, produktiver und bleiben ihrem Unternehmen länger treu. Unternehmen, die frühzeitig auf PX setzen, schaffen sich einen Vorsprung im Wettbewerb um Talente – und positionieren sich gleichzeitig als zukunftsorientierte Arbeitgeber.

Die Abkehr von HR hin zur People Experience ist kein einfacher Prozess. Es erfordert ein Umdenken in der gesamten Organisation. Führungskräfte müssen lernen, Mitarbeitende als Individuen zu sehen und bereit sein, traditionelle Methoden zu hinterfragen. Doch dieser Wandel ist unvermeidlich, wenn Unternehmen langfristig erfolgreich sein wollen. Die Gen Z hat klare Erwartungen, und Unternehmen, die diese ignorieren, werden im Wettbewerb um Talente den Kürzeren ziehen.

Letztlich zeigt die Revolution der Gen Z, dass es nicht nur um neue Begriffe oder Systeme geht. Es geht um eine Haltung. PX steht für einen grundlegenden Respekt vor den Menschen, die in einem Unternehmen arbeiten. Sie rückt den Fokus weg von der Verwaltung hin zur Gestaltung einer positiven, sinnstiftenden Arbeitsumgebung. Und genau das ist es, was die Arbeitswelt der Zukunft prägen wird.

7.2 People Experience: Was ist der Unterschied?

Der Übergang von Human Resources zu People Experience markiert einen fundamentalen Wandel in der Arbeitswelt. Während HR auf Verwaltung und standardisierte Prozesse fokussiert ist, setzt PX auf die Schaffung positiver Erlebnisse entlang der gesamten Employee Journey – von der ersten Kontaktaufnahme im Recruiting bis hin zum letzten Arbeitstag. Der Mensch steht im Mittelpunkt, nicht die Verwaltung.

Ein zentraler Unterschied zwischen HR und PX liegt im Ansatz. HR verfolgt in erster Linie funktionale Ziele: Stellen müssen besetzt, Arbeitsverträge verwaltet und rechtliche Vorgaben eingehalten werden. PX geht weit darüber hinaus. Es betrachtet die Beziehung zwischen Unternehmen und Mitarbeitenden holistisch und fragt: „Wie fühlt sich der Mensch bei uns?"

People Experience erkennt, dass Mitarbeitende mehr als reine Arbeitskräfte sind. Sie sind Individuen mit unterschiedlichen Bedürfnissen, Wünschen und Lebensumständen. Dieser Perspektivwechsel führt dazu, dass PX nicht nur reaktiv, sondern proaktiv gestaltet wird. Unternehmen, die PX ernst nehmen, entwickeln Strategien, um die Zufriedenheit der Mitarbeitenden aktiv zu fördern, bevor Probleme entstehen.

Ein weiterer Unterschied zeigt sich in der Art der Interaktion. HR arbeitet oft nach dem Prinzip „one size fits all". Mitarbeitende werden in standardisierte Prozesse eingegliedert, die möglichst effizient gestaltet sind. PX dagegen strebt nach Individualisierung. Es schafft Freiräume für persönliche Entwicklung, fördert die Eigeninitiative und passt sich den Lebensrealitäten der Mitarbeitenden an.

Ein Beispiel dafür ist das Onboarding. Im klassischen HR-Ansatz bedeutet Onboarding oft das Abarbeiten einer Checkliste: Zugangsdaten bereitstellen, Vertrag unterschreiben lassen, Arbeitsplatz einrichten. PX sieht Onboarding als Chance, eine positive Beziehung aufzubauen. Neue Mitarbeitende werden nicht nur willkommen geheißen, sondern aktiv in die Unternehmenskultur eingebunden. Sie lernen ihre Kolleg:innen kennen, erhalten persönliche Unterstützung und fühlen sich von Anfang an wertgeschätzt.

Auch in der Art, wie Feedback gehandhabt wird, zeigt sich der Unterschied. Während HR Feedback häufig auf jährliche Mitarbeitergespräche beschränkt, integriert PX es in den Arbeitsalltag. Regelmäßige, offene Gespräche und die Möglichkeit, gegenseitiges Feedback zu geben, schaffen ein Umfeld der kontinuierlichen Verbesserung – sowohl für die Mitarbeitenden als auch für das Unternehmen.

Doch warum ist dieser Wandel so wichtig? Der Wettbewerb um Talente wird immer härter, und die Gen Z setzt neue Standards. Sie erwartet mehr als nur einen Arbeitsplatz – sie sucht eine Umgebung, in der sie sich wohlfühlt, sich entwickeln kann und ihre Werte gelebt werden. PX erfüllt genau diese Erwartungen. Es geht nicht nur darum, Mitarbeitende zu gewinnen, sondern sie langfristig zu binden und zu fördern.

Die Vorteile einer gut gestalteten People Experience sind dabei nicht nur für die Mitarbeitenden spürbar. Unternehmen profitieren von einer stärkeren Bindung, höherer Motivation und besserer Performance ihrer Teams. Mitarbeitende, die sich geschätzt fühlen, sind loyaler, engagierter und weniger anfällig für Burnout oder Fluktuation. PX ist also kein „nettes Extra", sondern ein entscheidender Faktor für den Erfolg eines Unternehmens.

Am Ende steht ein klarer Unterschied: HR verwaltet, PX gestaltet. Unternehmen, die den Wechsel von der reinen Verwaltung hin zur aktiven Gestaltung wagen, schaffen nicht nur ein moderneres Arbeitsumfeld, sondern setzen ein klares Signal: Bei uns stehen die Menschen im Mittelpunkt.

7.3 Die Gestaltung von Mitarbeitererfahrungen

Die Erfahrungen, die Mitarbeitende in einem Unternehmen machen, prägen nicht nur ihre Zufriedenheit, sondern auch ihre Bindung an das Unternehmen und ihre Leistung. Eine durchdachte Employee Experience hilft, Talente zu gewinnen, zu halten und zu fördern, während sie gleichzeitig eine positive Unternehmenskultur stärkt.

Um Mitarbeitererfahrungen nachhaltig zu gestalten, ist ein Blick auf die gesamte Employee Journey entscheidend. Vom ersten Kontakt mit dem Unternehmen – sei es durch eine Stellenanzeige oder ein Social-Media-Profil – bis hin zum Abschied sollte jede Phase des Arbeitsverhältnisses durch Wertschätzung und Klarheit geprägt sein. Dabei kommt es nicht darauf an, punktuelle Maßnahmen zu ergreifen, sondern eine konsistente und menschenorientierte Unternehmenskultur zu etablieren.

Das Onboarding ist dafür ein hervorragendes Beispiel. Unternehmen wie LinkedIn haben erkannt, dass die ersten Wochen entscheidend sind, um neue Mitarbeitende an Bord zu holen. Ihr Ansatz: Ein personalisiertes Onboarding-Programm, das individuelle Stärken und Ziele der Mitarbeitenden berücksichtigt. Neue Mitarbeitende werden nicht nur in ihre Aufgaben eingeführt, sondern erhalten auch Zugang zu Mentor:innen, die sie bei der Eingewöhnung unterstützen.

Ein ebenso wichtiger Bestandteil der Employee Experience ist die Feedbackkultur. Ein gutes Beispiel liefert Netflix, das für seine offene und kontinuierliche Feedbackpolitik bekannt ist. Dort gibt es keine starren Jahresgespräche, sondern regelmäßige Check-ins, bei denen sowohl Führungskräfte als auch Mitarbeitende ihre Perspektiven einbringen können. Diese Form der Kommunikation schafft Transparenz, fördert die persönliche Weiterentwicklung und stärkt das Vertrauen innerhalb des Teams.

Die Förderung von Entwicklungsmöglichkeiten ist ein weiterer zentraler Aspekt. Google hat mit seinem „20%-Projekt" einen innovativen Ansatz geschaffen: Mitarbeitende dürfen 20% ihrer Arbeitszeit für eigene Projekte oder Ideen nutzen, die nicht unmittelbar mit ihren Kernaufgaben zusammenhängen. Dieses Modell zeigt, wie Unternehmen die Kreativität und Eigeninitiative ihrer Teams fördern können – ein Ansatz, der besonders bei der Gen Z gut ankommt.

Auch das Arbeitsumfeld trägt maßgeblich zur Gestaltung von Mitarbeitererfahrungen bei. Flexible Arbeitsplatzgestaltung und hybride Arbeitsmodelle sind inzwischen in vielen Unternehmen Standard. Unternehmen wie SAP gehen noch einen Schritt weiter: Sie bieten Mitarbeitenden nicht nur flexible Arbeitsorte, sondern auch maßgeschneiderte Programme zur Förderung der mentalen Gesundheit. Meditation, Resilienz-Workshops und Online-Therapieangebote sind Teil der Employee Experience und zeigen, dass die Bedürfnisse der Mitarbeitenden im Fokus stehen.

Selbst das Offboarding ist eine Phase, die nicht vernachlässigt werden sollte. Unternehmen wie McKinsey haben erkannt, dass ehemalige Mitarbeitende wertvolle Markenbotschafter:innen sein können. Mit ihrem Alumni-Netzwerk bleiben sie mit ehemaligen Mitarbeitenden in Kontakt, bieten Weiterbildungsmöglichkeiten an und schaffen so eine langfristige Bindung – selbst über das Arbeitsverhältnis hinaus.

Um sicherzustellen, dass die Employee Experience immer auf dem neuesten Stand ist, sollten Unternehmen regelmäßig Feedback einholen und ihre Maßnahmen analysieren. Tools wie Peakon oder Culture Amp ermöglichen es, in Echtzeit Daten zur Mitarbeitendenzufriedenheit zu sammeln und gezielt auf Schwachstellen zu reagieren.

Die Gestaltung von Mitarbeitererfahrungen erfordert Zeit und Engagement, zahlt sich aber langfristig aus. Unternehmen, die ihre Mitarbeitenden nicht nur als Teil der Organisation sehen, sondern als Menschen mit individuellen Bedürfnissen und Zielen, schaffen ein Arbeitsumfeld, das motiviert, inspiriert und langfristig erfolgreich ist.

Der Employee-Lifecycle:

7.4 Messung und Bewertung der PX

People Experience (PX) mag auf den ersten Blick schwer messbar erscheinen. Während sich der Erfolg von HR-Maßnahmen an harten Faktoren messen lässt, lässt sich der Erfolg von PX lediglich anhand von weicheren Faktoren bewerten. Doch genau diese weichen Faktoren lassen sich mit den richtigen Ansätzen und Werkzeugen einfach auswerten. Unternehmen, die PX ernst nehmen, können nicht nur die Zufriedenheit und Loyalität ihrer Mitarbeitenden bewerten, sondern auch gezielt Maßnahmen ableiten, um ihre Arbeitskultur zu verbessern.

Ein zentraler Ansatzpunkt für die Bewertung der PX ist die regelmäßige Erhebung von Feedback. Anonyme Umfragen, die über digitale Tools wie Peakon oder Culture Amp durchgeführt werden, bieten tiefe Einblicke in die Stimmung und Bedürfnisse der Belegschaft. Sie ermöglichen es, Themen wie Führung, Arbeitsbedingungen oder Entwicklungschancen zu analysieren und dabei konkrete Handlungsempfehlungen abzuleiten. Die kontinuierliche Nutzung solcher Plattformen hilft, nicht nur Probleme zu identifizieren, sondern auch Trends und Fortschritte über die Zeit hinweg zu erkennen.

Weiterhin spielen spezifische Kennzahlen, sogenannte Key Performance Indicators (KPIs), eine entscheidende Rolle. Die Fluktuationsrate gibt beispielsweise Auskunft darüber, wie viele Mitarbeitende das Unternehmen in einem bestimmten Zeitraum verlassen. Ein Rückgang kann ein Hinweis darauf sein, dass PX-Maßnahmen wirken. Ähnlich wichtig ist die durchschnittliche Verweildauer im Unternehmen, die zeigt, ob Mitarbeitende langfristig an das Unternehmen gebunden sind. Ein weiteres wertvolles Instrument ist der Employee Net Promoter Score (eNPS), der misst, wie viele Mitarbeitende das Unternehmen als Arbeitgeber:in weiterempfehlen würden. Diese Daten sind jedoch nicht nur isoliert zu betrachten, sondern sollten immer im Zusammenhang mit qualitativen Rückmeldungen interpretiert werden, um ein vollständiges Bild zu erhalten.

Neben Umfragen und Kennzahlen können auch Exit-Interviews wertvolle Erkenntnisse liefern. Mitarbeitende, die das Unternehmen verlassen, sind oft bereit, ehrliches Feedback zu geben. Fragen wie „Was hätte dich dazu bewegt, zu bleiben?" oder „Welche Verbesserungen hättest du dir gewünscht?" können helfen, Schwächen im Unternehmen zu identifizieren und gezielte Maßnahmen für die Zukunft zu entwickeln. Ebenso wichtig sind regelmäßige „Stay-Interviews" mit aktuellen Mitarbeitenden, um zu erfahren, warum sie bleiben und welche Veränderungen sie sich wünschen. Diese Gespräche können proaktiv genutzt werden, um Probleme zu lösen, bevor sie zu Kündigungen führen.

Ein weiterer Aspekt, der oft unterschätzt wird, ist die Beobachtung von Verhaltensmustern. Daten aus Mitarbeiterbefragungen, kombiniert mit anonymisierten Statistiken aus internen Plattformen, können Muster aufzeigen. Wenn beispielsweise ein Anstieg von Krankmeldungen oder eine erhöhte Nutzung von psychologischen Unterstützungsangeboten erkennbar ist, kann dies auf erhöhten Stress oder Überlastung hindeuten. Unternehmen, die solche Signale frühzeitig erkennen, können präventiv handeln und Unterstützung anbieten, bevor Probleme eskalieren.

Ein wesentlicher Bestandteil der PX-Messung ist jedoch nicht nur das Aufdecken von Schwächen, sondern auch die Sichtbarmachung positiver Entwicklungen. Wenn die Ergebnisse einer Befragung zeigen, dass die Zufriedenheit mit der Führungskultur gestiegen ist oder Mitarbeitende häufiger an Weiterbildungsprogrammen teilnehmen, sollten diese Erfolge kommuniziert werden. Transparenz in diesen Bereichen stärkt das Vertrauen des Teams und zeigt, dass das Unternehmen die Rückmeldungen der Mitarbeitenden ernst nimmt.

Die Verknüpfung zwischen PX und wirtschaftlichem Erfolg ist ein weiterer zentraler Punkt. Studien zeigen, dass Mitarbeitende, die sich wertgeschätzt fühlen und sich mit den Werten ihres Unternehmens identifizieren, produktiver sind und seltener kündigen. Ein besseres Betriebsklima reduziert Fehlzeiten, fördert die Innovationskraft und wirkt sich positiv auf die Kundenbindung aus. Unternehmen, die den Zusammenhang zwischen einer positiven PX und finanziellen Ergebnissen verstehen, können nicht nur ihre internen Prozesse optimieren, sondern auch die Geschäftsleitung für gezielte Investitionen in diesen Bereich gewinnen.

Eine innovative Herangehensweise ist die Nutzung von künstlicher Intelligenz zur PX-Messung. Intelligente Systeme können nicht nur Daten analysieren, sondern auch Muster und Trends erkennen, die für das menschliche Auge nicht sofort ersichtlich sind. KI-gestützte Plattformen können etwa prognostizieren, welche Teams möglicherweise unter Druck stehen, oder analysieren, welche Faktoren die Zufriedenheit in unterschiedlichen Abteilungen beeinflussen.

Schlussendlich zeigt sich, dass PX zwar weiche Faktoren adressiert, diese jedoch messbar sind, wenn die richtigen Werkzeuge und Methoden eingesetzt werden. Unternehmen, die den Erfolg ihrer Maßnahmen regelmäßig überprüfen und gezielt auf die Bedürfnisse ihrer Belegschaft eingehen, schaffen nicht nur ein angenehmeres Arbeitsumfeld, sondern sichern sich auch einen entscheidenden Vorteil im Wettbewerb um Talente.

7.5 Mitarbeiterbindung durch eine ärgerfreie Unternehmenskultur

Ein schlechtes Betriebsklima ist einer der Hauptgründe, warum Mitarbeitende ein Unternehmen verlassen. Konflikte, Frustration und das Gefühl, nicht gehört zu werden, führen dazu, dass sich selbst die engagiertesten Talente abwenden. Auf der anderen Seite ist eine ärgerfreie Unternehmenskultur nicht nur eine angenehme Arbeitsumgebung, sondern auch ein wirksames Mittel, um die Bindung der Mitarbeitenden nachhaltig zu stärken.

Doch was genau bedeutet „ärgerfrei"? Es geht nicht darum, jede Herausforderung oder Meinungsverschiedenheit zu vermeiden – Konflikte sind in jeder Organisation unvermeidlich und können sogar produktiv sein. Eine ärgerfreie Unternehmenskultur zeichnet sich vielmehr dadurch aus, wie mit diesen Herausforderungen umgegangen wird. Transparenz, Offenheit und ein respektvoller Umgang miteinander sind die zentralen Säulen einer solchen Kultur.

Ein entscheidender Faktor ist die Möglichkeit, Ansichten, Meinungen und Probleme offen ansprechen zu können. Mitarbeitende, die das Gefühl haben, nicht gehört zu werden, neigen dazu, ihren Frust hinterrücks zu äußern – sei es durch Lästereien oder informelle Gespräche in kleinen Gruppen. Solche Dynamiken können sich hochschaukeln, Lagerbildungen fördern und im schlimmsten Fall eine „Wir-gegen-die"-Mentalität erzeugen. Unternehmen, die aktiv eine offene Kommunikationskultur fördern, schaffen ein Umfeld, in dem sich Konflikte klären lassen, bevor sie eskalieren.

Führungskräfte spielen dabei eine entscheidende Rolle. Sie sind nicht nur Vorbilder, sondern auch Moderator:innen und Problemlöser:innen. Führungskräfte, die aktiv zuhören, Konflikte konstruktiv ansprechen und ihre Teams dazu ermutigen, eigene Lösungen zu finden, tragen maßgeblich zu einem positiven Arbeitsklima bei. Ebenso wichtig ist es, dass sie ein Umfeld schaffen, in dem Mitarbeitende sich trauen, Probleme oder Verbesserungsvorschläge offen anzusprechen, ohne Angst vor negativen Konsequenzen zu haben.

Ein weiterer wichtiger Aspekt einer ärgerfreien Kultur ist die Klarheit in den Strukturen und Prozessen. Unklare Verantwortlichkeiten, widersprüchliche Anweisungen oder ein Mangel an Kommunikation sind häufige Ursachen für Frustration. Unternehmen, die klare Rahmenbedingungen schaffen, erleichtern nicht nur die Zusammenarbeit, sondern reduzieren auch Konfliktpotenziale.

Auch Wertschätzung spielt eine zentrale Rolle. Mitarbeitende möchten sehen, dass ihre Arbeit anerkannt wird – nicht nur in Form von Gehaltserhöhungen oder Boni, sondern auch durch ehrliche Dankbarkeit und Lob im Alltag. Diese Wertschätzung sollte jedoch authentisch sein und nicht wie eine Pflichtübung wirken. Mitarbeitende merken schnell, ob die Anerkennung wirklich ernst gemeint ist.

Eine ärgerfreie Unternehmenskultur geht zudem über den reinen Arbeitsalltag hinaus. Angebote zur Förderung der Work-Life-Balance, flexible Arbeitszeiten und Unterstützung bei persönlichen Herausforderungen zeigen, dass das Unternehmen seine Mitarbeitenden nicht nur als Arbeitskräfte, sondern als Menschen sieht. Initiativen wie mentale Gesundheitsprogramme, Teambuilding-Aktivitäten oder regelmäßige anonyme Umfragen können dazu beitragen, die Zufriedenheit und das Vertrauen in das Unternehmen zu stärken.

Ein gutes Beispiel liefert der Technologiekonzern Microsoft, der eine offene Kommunikationskultur mit klaren Feedback-Strukturen etabliert hat. Mitarbeitende haben die Möglichkeit, ihre Meinungen in regelmäßigen Gesprächen oder über interne Plattformen zu teilen. Diese Rückmeldungen werden nicht nur gesammelt, sondern auch ernst genommen und sichtbar in Maßnahmen umgesetzt. Dieser Ansatz zeigt, wie eine ärgerfreie Kultur aktiv gestaltet werden kann.

Langfristig zahlt sich eine solche Unternehmenskultur nicht nur in einer höheren Mitarbeitendenzufriedenheit aus, sondern auch in besseren wirtschaftlichen Ergebnissen. Mitarbeitende, die sich in ihrem Arbeitsumfeld wohlfühlen und ihre Arbeit als sinnvoll empfinden, sind motivierter, innovativer und weniger geneigt, das Unternehmen zu verlassen. Diese Bindung ist gerade in Zeiten des Fachkräftemangels ein entscheidender Wettbewerbsvorteil.

Eine ärgerfreie Unternehmenskultur erfordert jedoch kontinuierliche Arbeit. Sie entsteht nicht über Nacht, sondern muss aktiv gestaltet und gepflegt werden. Unternehmen, die diesen Ansatz ernst nehmen, schaffen eine Grundlage, auf der sich Talente langfristig entfalten und gemeinsam mit der Organisation wachsen können.

Meine wichtigsten Notizen:

_____

_____

_____

_____

_____

_____

_____

_____

_____

_____

_____

_____

_____

KAPITEL 8:

Aus Recruiting wird
Candidate Experience (CX)

8.1 Warum jeder HR- (bzw. PX-) Manager die Gen Z verstehen muss

Die Generation Z steht für eine neue Ära auf dem Arbeitsmarkt und bringt Anforderungen und Werte mit, die sich grundlegend von denen vorheriger Generationen unterscheiden. Während die Babyboomer und Teile der Generation X noch das traditionelle Modell von Stabilität, Hierarchie und fest gefügten Arbeitsstrukturen schätzen, stellt die Gen Z diese Konzepte infrage und erwartet eine Arbeitswelt, die sich flexibler und individueller auf sie einstellt. Für PX-Verantwortliche ist das Verständnis der Gen Z essenziell, um Talente zu gewinnen und langfristig im Unternehmen zu halten. Der Grund dafür ist einfach: Der Arbeitsmarkt ist auf die Gen Z angewiesen.

Eine der größten Herausforderungen ist der demografische Wandel. Während die Babyboomer-Generation in den nächsten Jahren in Rente geht, schrumpft die Zahl der jungen Fachkräfte, die auf den Arbeitsmarkt drängen. Laut Enzo Weber, Arbeitsmarktexperte am Institut für Arbeitsmarkt- und Berufsforschung, wird Deutschland bis 2035 etwa sieben Millionen Arbeitskräfte verlieren. Dieser Rückgang trifft nicht nur Branchen mit hohem Fachkräftebedarf, sondern den gesamten Arbeitsmarkt. Der Nachwuchs aus der Gen Z ist rar, und die Nachfrage nach jungen Talenten wird den Wettbewerb um Arbeitskräfte verschärfen.

Die Bedeutung, die Gen Z zu verstehen, geht jedoch weit über Zahlen hinaus. Diese Generation bringt nicht nur digitale Kompetenz und Kreativität mit, sondern auch klare Werte und Ansprüche. Wer diese Ansprüche ignoriert oder missversteht, riskiert nicht nur, Talente zu verlieren, sondern läuft Gefahr, sich als Arbeitgeber:in unattraktiv zu machen. Für die Gen Z sind Arbeitgebende, die ihre Bedürfnisse nicht ernst nehmen, schlichtweg keine Option.

Die Konsequenzen können dramatisch sein. Viele der jungen Talente weichen dann auf Alternativen aus, die ihnen mehr Freiheit und Selbstbestimmung bieten. Für einige bedeutet das, den Weg in die Selbstständigkeit zu wählen. Die Gen Z ist technologieaffin, kreativ und gut vernetzt – ideale Voraussetzungen, um als Freelancer:in, Unternehmer:in oder Content-Creator erfolgreich zu sein. Sie benötigen keine traditionellen Arbeitgebenden, um ihre Ziele zu erreichen.

Eine weitere Alternative ist der Wechsel ins Ausland. Die Gen Z ist eine globale Generation, die keine Angst davor hat, international Fuß zu fassen. Unternehmen in Ländern, die besser auf die Bedürfnisse junger Talente eingehen, wie die skandinavischen Staaten oder die Niederlande, bieten attraktive Arbeitsbedingungen und moderne Führungsstile. Arbeitgebende in Deutschland, die die Gen Z nicht verstehen, laufen Gefahr, ihre Talente an internationalere, progressivere Märkte zu verlieren.

Für PX-Manager und Führungskräfte ist das Verständnis der Gen Z daher eine wirtschaftliche Notwendigkeit. Es reicht nicht aus, die Gen Z nur in Stellenausschreibungen oder Employer-Branding-Kampagnen anzusprechen. Unternehmen müssen verstehen, was diese Generation antreibt, und ihre Arbeitsbedingungen entsprechend gestalten. Flexibilität, Authentizität und Sinnhaftigkeit sind keine abstrakten Begriffe, sondern konkrete Erwartungen, die den Unterschied zwischen einem attraktiven Arbeitgeber und einer verpassten Chance ausmachen können.

Zugleich erfordert dieses Verständnis einen Perspektivwechsel. Die Gen Z hat keine Angst, ihre Ansprüche klar zu formulieren – und das macht sie nicht faul oder verwöhnt, sondern zu einer Generation, die sich ihrer Optionen bewusst ist. Diese Haltung ist kein Luxus, sondern eine direkte Reaktion auf die Zeit, in der sie aufgewachsen ist. Sie hat gesehen, wie sich ältere Generationen in der Arbeit aufgerieben haben und ist nicht bereit, dieselben Opfer zu bringen.

Letztlich ist das Verständnis der Gen Z nicht nur eine Pflicht, sondern eine Chance. Diese Generation bringt Fähigkeiten mit, die für die Zukunft essenziell sind: Digitale Kompetenz, Offenheit für Neues und eine natürliche Affinität zu kollaborativem Arbeiten. Unternehmen, die diese Stärken erkennen und fördern, sichern sich nicht nur einen Vorteil im Wettbewerb um Talente, sondern legen auch die Grundlage für eine innovative und zukunftsfähige Organisation.

Die Gen Z ist nicht die Herausforderung – sie ist die Lösung für viele der Probleme, vor denen der Arbeitsmarkt heute steht. Doch um diese Lösung zu nutzen, müssen Unternehmen die Sprache der Gen Z sprechen und eine Arbeitsumgebung schaffen, in der sie nicht nur akzeptiert, sondern verstanden und gefördert wird. Andernfalls wird sich diese Generation andere Wege suchen – Wege, die sie von traditionellen Arbeitgebenden wegführen.

8.2 Ein neuer Ansatz: Dating statt Recruiting

Recruiting ist längst nicht mehr das, was es einmal war. Die Zeiten, in denen Unternehmen einfach eine Stellenanzeige schalten und auf Bewerbungen warten konnten, sind vorbei. Der heutige Arbeitsmarkt gleicht eher einer Dating-Plattform: Es geht darum, einander kennenzulernen, Sympathie aufzubauen und herauszufinden, ob es wirklich passt – auf beiden Seiten.

Die Generation Z hat die Ansprüche an den Bewerbungsprozess radikal verändert. Für sie steht die persönliche Beziehung im Vordergrund. Sie möchte den Menschen hinter dem Unternehmen kennenlernen, bevor sie sich entscheidet. Traditionelle Bewerbungsprozesse, bei denen zehn Vorentscheider:innen den Lebenslauf sichten und die Entscheidung schließlich auf dem Schreibtisch eines anonymen Entscheiders landet, wirken für die Gen Z abschreckend. Ein solcher Prozess signalisiert Distanz und fehlende Authentizität – Werte, die in der heutigen Arbeitswelt entscheidend sind.

Ein neuer Ansatz setzt genau hier an: Dating statt Recruiting! Hierbei lernt zuerst der Entscheider das Talent persönlich kennen und kann beurteilen, ob es zum Unternehmen passt. Beim Dating entscheidet schließlich auch nicht das Umfeld, ob zwei Menschen zueinanderpassen.

Das erste Gespräch wird also nicht mit einer Fachabteilung oder einer HR/PX-Person geführt, sondern von der Person, die letztlich die Entscheidung trifft. In kleinen und mittleren Unternehmen ist das häufig der Inhaber oder die Inhaberin, in größeren Unternehmen ist es die Geschäftsführung oder die direkte Führungskraft. Dabei geht es nicht um Fachliches, sondern um das Menschliche. Das Ziel des ersten Gesprächs ist herauszufinden, ob die Werte und die Persönlichkeit des Bewerbenden mit der Unternehmenskultur harmonieren. Sympathie, Vertrauen und ein gemeinsames Verständnis von Zielen stehen im Mittelpunkt.

Um diesen Ansatz wirklich erfolgreich zu gestalten, sollte das erste Treffen in einer lockeren Umgebung stattfinden – fernab der sterilen Konferenzräume, die Bewerbende oft einschüchtern. Ein Café, ein Restaurant oder sogar ein Spaziergang im Park schaffen eine entspannte Atmosphäre, die es beiden Seiten erleichtert, sich authentisch zu zeigen. Hierbei geht es darum, ein echtes Kennenlernen zu ermöglichen und nicht eine weitere Prüfungssituation zu schaffen.

Auch die Art der Einladung spielt eine wichtige Rolle. Eine persönliche Einladung durch die Geschäftsführung oder die Führungskraft selbst vermittelt Wertschätzung und zeigt dem Bewerbenden, dass das Unternehmen ihn oder sie ernst nimmt. Diese persönliche Note hebt das Unternehmen von der Masse ab und signalisiert der Gen Z, dass sie hier als Mensch wahrgenommen wird und nicht nur als potenzielle Arbeitskraft.

Doch warum ist dieser Ansatz so effektiv? Er setzt auf Authentizität und Vertrauen – zwei Faktoren, die für die Gen Z entscheidend sind. Durch den direkten Kontakt mit der Führungskraft oder dem Geschäftsführer wird das Unternehmen greifbarer, persönlicher und nahbarer. Gleichzeitig fühlt sich der Bewerbende von Anfang an ernst genommen, was die Basis für eine langfristige Bindung schafft.

Auch für Unternehmen bietet dieser Ansatz Vorteile. Ein erstes Gespräch auf Augenhöhe ermöglicht es, die Persönlichkeit des Bewerbenden besser einzuschätzen und frühzeitig festzustellen, ob es tatsächlich passt – kulturell, menschlich und in Bezug auf die Werte. Dies reduziert die Wahrscheinlichkeit von Fehlbesetzungen und spart langfristig Ressourcen.

Natürlich ersetzt dieser Ansatz nicht den gesamten Bewerbungs-prozess. Sobald klar ist, dass eine gegenseitige Sympathie besteht, können in weiteren Runden fachliche Fragen und Qualifikationen geprüft werden – idealerweise unter Einbeziehung des Teams, mit dem die Person zusammenarbeiten wird. Dieser kollaborative Ansatz fördert nicht nur das Engagement der Mitarbeitenden, sondern zeigt auch dem Bewerbenden, dass Teamwork und Zusammenarbeit im Unternehmen wirklich gelebt werden.

Am Ende geht es beim Recruiting nicht darum, möglichst viele Lebensläufe zu sammeln, sondern die richtigen Menschen für das Unternehmen zu finden. Und das funktioniert am besten, wenn beide Seiten – wie beim Dating – ehrlich sind und sich auf Augenhöhe begegnen.

8.3 Recruiting als Teil der Candidate Experience

Recruiting ist kein isolierter Prozess mehr, der beginnt, wenn eine Stelle ausgeschrieben wird, und endet, sobald ein Vertrag unterschrieben ist. Im modernen Arbeitsumfeld ist es vielmehr ein Teil der umfassenderen Candidate Experience – eine Reise, die viel früher beginnt und weit über den ersten Arbeitstag hinausgeht. Für Unternehmen, die die Gen Z ansprechen möchten, bedeutet das: Recruiting muss nahtlos in eine positive Gesamterfahrung eingebettet sein.

Die Candidate Experience besteht aus sechs Phasen, die wie ein roter Faden durch die Beziehung zwischen Unternehmen und potenziellen Mitarbeitenden führen. Alles beginnt mit der Anziehungsphase, in der Employer Branding eine zentrale Rolle spielt. Hier entscheiden sich Talente oft schon unbewusst, ob sie das Unternehmen sympathisch finden und sich dort bewerben möchten. Eine authentische Präsenz auf Social Media bietet hier die besten Chancen, die Aufmerksamkeit der Gen Z zu gewinnen.

Nach der Anziehungsphase folgt die Informationsphase. In dieser Phase suchen Bewerbende nach detaillierten Informationen über das Unternehmen. Auch hier spielt Social Media, ebenso wie Karriereseiten, eine zentrale Rolle. Während Social-Media-Kanäle die Nahbarkeit und Authentizität des Unternehmens hervorheben, dient die Karriereseite als umfassende Informationsquelle. Sie sollte nicht nur offene Stellen auflisten, sondern auch die Werte, Benefits und Entwicklungsmöglichkeiten des Unternehmens klar kommunizieren. Unternehmen, die in dieser Phase überzeugen, schaffen Vertrauen und erhöhen die Wahrscheinlichkeit, dass die Gen Z den nächsten Schritt wagt.

Die Bewerbungsphase, die klassische Domäne des Recruitings, ist für viele der erste direkte Kontaktpunkt mit dem Unternehmen. Hier zeigt sich, wie ernst es ein Unternehmen mit seiner Candidate Experience meint. Eine unkomplizierte, mobile-optimierte Bewerbung, die den Prozess so einfach wie möglich gestaltet, ist entscheidend. Gleichzeitig sollte der Bewerbungsprozess wertschätzend gestaltet sein: Automatisierte Bestätigungen, regelmäßige Updates über den Status der Bewerbung und persönliche Rückmeldungen schaffen Vertrauen und zeigen, dass das Unternehmen die Zeit und Mühe der Bewerbenden respektiert.

In der Auswahlphase, die oft durch Interviews und Tests geprägt ist, sollte das Unternehmen nicht nur die Fähigkeiten der Kandidat:innen bewerten, sondern auch selbst überzeugen. Ein respektvoller Umgang, klare Kommunikation und ein Einblick in die Unternehmenskultur sind hier genauso wichtig wie die fachliche Eignung. Unternehmen, die in dieser Phase Authentizität zeigen, hinterlassen einen bleibenden Eindruck – selbst bei Kandidat:innen, die am Ende nicht eingestellt werden.

Das Pre-Onboarding und Onboarding, die die nächsten beiden Phasen darstellen, sind oft entscheidend für die langfristige Bindung der Mitarbeitenden. Schon vor dem ersten Arbeitstag sollten neue Talente das Gefühl haben, willkommen zu sein. Ein Willkommenspaket, persönliche Nachrichten oder eine Einladung zu einem Team-Event können dazu beitragen, eine positive Beziehung aufzubauen. Das eigentliche Onboarding sollte strukturiert, individuell und menschlich sein, um den Übergang ins Unternehmen so einfach wie möglich zu gestalten.

Die Bindungsphase ist schlussendlich der Bereich, in dem die Candidate Experience nahtlos in die Employee Experience übergeht. Hier wird der enge Zusammenhang zwischen Recruiting, Candidate Experience und People Experience besonders deutlich: Recruiting ist nicht nur ein Bestandteil der Candidate Experience, sondern beides zusammen ist Teil des größeren Ganzen – der People Experience. Gleichzeitig wird die Employee Experience, also die langfristige Zufriedenheit und Bindung der Mitarbeitenden, direkt von der Qualität der Candidate Experience beeinflusst. Dieser Kreislauf zeigt, wie wichtig es ist, alle Teile einer positiven Arbeitgebermarke miteinander zu verzahnen.

Recruiting als Teil der Candidate Experience zu begreifen, erfordert ein Umdenken. Es geht nicht mehr nur darum, Stellen zu besetzen, sondern darum, Beziehungen aufzubauen – vom ersten Kontakt bis zur langfristigen Bindung. Unternehmen, die die Reise ihrer Bewerbenden durchdacht gestalten und authentisch kommunizieren, gewinnen nicht nur die besten Talente, sondern schaffen auch eine starke Employer Brand, die sich positiv auf den gesamten Unternehmenserfolg auswirkt.

8.4 Die Kriterien der Gen Z bei der Jobauswahl

Die Gen Z hat ihre eigene Art, den Arbeitsmarkt zu betrachten – pragmatisch, wertebasiert und anspruchsvoll. Anders als frühere Generationen, die oft eine klare Vorstellung von ihrem „Traumberuf" hatten, legt die Gen Z den Fokus weniger auf den Beruf selbst und mehr auf die Bedingungen, unter denen sie arbeitet. Dies verändert die Kriterien, nach denen sie Arbeitgeber:innen auswählt, grundlegend.

Studien zeigen, dass fast 70 Prozent der jungen Menschen heute keinen klassischen Traumberuf mehr haben. Diese Veränderung spiegelt eine Verschiebung der Prioritäten wider: Es geht nicht mehr darum, einen Titel oder eine bestimmte Position zu erreichen, sondern darum, wie Arbeit in das Leben passt. Dabei stehen Aspekte wie Flexibilität, Work-Life-Balance, persönliche Entwicklungsmöglichkeiten und eine sinnstiftende Tätigkeit im Vordergrund. Unternehmen, die diese Werte nicht adressieren, werden in der Wahrnehmung der Gen Z schnell irrelevant.

Authentizität ist ein zentraler Faktor bei der Jobauswahl der Gen Z. Sie durchschaut Marketingfloskeln und unrealistische Versprechungen schneller als jede andere Generation. Statt makelloser Hochglanzbilder sucht sie nach echten Einblicken in die Unternehmenskultur. Arbeitgeber:innen, die transparent zeigen, wofür sie stehen und was sie bieten können, gewinnen das Vertrauen der jungen Generation. Es muss dabei nicht immer alles perfekt sein – vielmehr überzeugt die Ehrlichkeit, auch Herausforderungen offen zu kommunizieren.

Ein weiterer entscheidender Punkt ist die Frage nach Sinn und Impact. Die Gen Z möchte wissen, ob ihre Arbeit einen positiven Beitrag leistet – sei es für die Gesellschaft, die Umwelt oder die Unternehmensziele. Sie sucht nach Aufgaben, die ihren Fähigkeiten entsprechen und gleichzeitig mit ihren persönlichen Werten harmonieren. Arbeitgeber:innen, die diese Verbindung herstellen können, haben einen klaren Wettbewerbsvorteil.

Neben den inhaltlichen Aspekten spielen auch Benefits und Arbeitsbedingungen eine wichtige Rolle. Flexible Arbeitszeiten, Remote-Optionen, Maßnahmen zur Gesundheitsförderung und finanzielle Unterstützung für Weiterbildung gehören zu den Standards, die die Gen Z erwartet. Doch es sind nicht nur die harten Fakten, die zählen. Auch die zwischenmenschliche Komponente – wie der Umgang im Team, die Führungskultur und die Wertschätzung – beeinflusst die Entscheidung für oder gegen ein Unternehmen maßgeblich.

Die Abkehr vom klassischen Traumberuf eröffnet Unternehmen auch neue Chancen. Berufe, die früher als weniger attraktiv galten, können heute durch die richtigen Rahmenbedingungen neu positioniert werden. Arbeitgebende aus dem Handwerk oder der Gastronomie können mit einer modernen Unternehmenskultur, fairen Arbeitszeiten und attraktiven Zusatzleistungen Talente anziehen, die sie vor einigen Jahren vielleicht nicht angesprochen hätten. Hier zeigt sich, dass es nicht nur auf den Beruf selbst, sondern vor allem auf die Gestaltung der Arbeitsumgebung ankommt.

Die Gen Z entscheidet nicht allein, sondern oft im Austausch mit ihrem sozialen Umfeld. Was Freund:innen, Familie oder Kolleg:innen über ein Unternehmen denken, hat einen großen Einfluss auf die Jobwahl. Arbeitgebende, die ein positives Image in der Öffentlichkeit pflegen und durch authentische Geschichten von Mitarbeitenden punkten, erhöhen ihre Chancen, von der Gen Z wahrgenommen und gewählt zu werden.

Am Ende wählt die Gen Z nicht nur eine Arbeitsstelle, sondern ein Umfeld, das zu ihrer Lebensvision passt. Unternehmen, die bereit sind, diese Kriterien ernst zu nehmen und konsequent umzusetzen, sichern sich nicht nur die besten Talente, sondern auch eine loyale und motivierte Belegschaft, die die Arbeitswelt von morgen mitgestaltet.

8.5 So gewinnst du die Gen Z für dich!

So, das war jetzt viel Theorie. Aber wie kannst du die Gen Z konkret für dich gewinnen? Die Antwort liegt in einem Dreiklang aus klarer Kommunikation, gelebten Werten und einem Arbeitsumfeld, das den Erwartungen der jungen Generation entspricht. Schauen wir uns das genauer an – mit konkreten Handlungsempfehlungen, die du direkt umsetzen kannst.

Der erste Schritt ist die klare Definition und ehrliche Kommunikation der eigenen Werte. Frag dich: Wofür steht dein Unternehmen? Woran glaubt ihr? Und vor allem: Wie zeigt ihr das in eurem Alltag? Es reicht nicht aus, Nachhaltigkeit oder Diversität nur in einer Stellenanzeige zu erwähnen. Diese Werte müssen erlebbar sein – in der Unternehmenskultur, in Projekten und in den Geschichten, die du nach außen erzählst. Zeige mit konkreten Beispielen, wie dein Unternehmen gesellschaftliche Verantwortung übernimmt oder wie ihr im Alltag Nachhaltigkeit lebt. Ein Unternehmen wie Patagonia hat dies zur Perfektion gebracht. Der Outdoor-Bekleidungshersteller hat Nachhaltigkeit in jeder Facette seines Geschäfts integriert – von umweltfreundlichen Materialien bis hin zur aktiven Unterstützung von Umweltschutzkampagnen. Mitarbeitende und Kund:innen wissen, dass Patagonia für mehr als nur Gewinnmaximierung steht, und das schafft Vertrauen. Wenn du deine Werte so konsequent lebst und kommunizierst, ziehst du genau die Talente an, die zu deinem Unternehmen passen.

Flexibilität ist ein weiteres Schlüsselwort, das für die Gen Z keine leere Floskel bleiben darf. Ermögliche deinen Mitarbeitenden, ihre Arbeitszeiten und -orte flexibel zu gestalten, soweit es die Tätigkeit erlaubt. Überlege dir: Kannst du hybride Modelle anbieten oder deinen Mitarbeitenden die Freiheit geben, ihre Arbeitsmethoden selbst zu wählen? Vielleicht kannst du sogar Modelle testen, bei denen Teams eigenständig festlegen, wie sie ihre Aufgaben am besten erledigen. Es geht darum, nicht nur Freiheit zu versprechen, sondern sie auch zu ermöglichen. Salesforce, eines der weltweit führenden Cloud-Unternehmen, hat dies verstanden und ein „Work From Anywhere"-Modell eingeführt. Mitarbeitende können flexibel entscheiden, wann und wo sie arbeiten – sei es zu Hause, im Büro oder an einem dritten Ort.

Ein weiterer zentraler Punkt ist die persönliche Beziehung zwischen Führungskraft und Mitarbeitenden. Die Gen Z möchte auf Augenhöhe arbeiten – sie sucht keine autoritären Chefs, sondern Coaches, die sie unterstützen und inspirieren. Plane regelmäßige Feedbackgespräche ein, in denen du nicht nur Rückmeldung gibst, sondern auch aktiv zuhörst. Frage deine Mitarbeitenden, was sie brauchen, um besser zu arbeiten, und biete ihnen Unterstützung bei der Umsetzung ihrer Ziele. Führung bedeutet heute nicht mehr, Aufgaben zu delegieren, sondern Potenziale zu fördern. Bei LinkedIn, dem weltweit größten beruflichen Netzwerk, ist „Feedback first" Teil der Unternehmenskultur. Regelmäßige Gespräche, in denen Mitarbeitende nicht nur Rückmeldung erhalten, sondern auch ihre eigenen Ideen einbringen können, stärken das Vertrauen und fördern die Weiterentwicklung. Führungskräfte werden dort aktiv geschult, wie sie ihre Teams motivieren und individuell fördern können.

Ein oft übersehener, aber entscheidender Faktor ist die Außendarstellung. Social Media ist für die Gen Z die Hauptquelle, um sich ein Bild von deinem Unternehmen zu machen. Sorge dafür, dass deine Kanäle authentische Einblicke in den Arbeitsalltag bieten. Stelle echte Mitarbeitende vor, zeige Team-Events und lass die Menschen im Unternehmen selbst erzählen, warum sie gerne dort arbeiten. Diese Einblicke sind oft glaubwürdiger und wirkungsvoller als jede Hochglanzkampagne. Ein Beispiel ist der Getränkehersteller Innocent, der mit humorvollen, authentischen und transparenten Inhalten auf seinen Social-Media-Kanälen eine starke Verbindung zu seinem Publikum aufbaut. Mitarbeitende teilen Einblicke in ihren Arbeitsalltag, und potenzielle Talente sehen sofort, wie die Unternehmenskultur gelebt wird. Dieses Storytelling zeigt nicht nur, was das Unternehmen zu bieten hat, sondern vermittelt auch, wie es sich anfühlt, Teil des Teams zu sein.

Neben diesen strategischen Ansätzen gibt es auch kleine, aber effektive Maßnahmen, die dir helfen können, die Gen Z zu gewinnen. Biete zum Beispiel individuelle Weiterbildungsbudgets an, die Mitarbeitende frei nutzen können, um sich in Themen weiterzubilden, die ihnen am Herzen liegen – beruflich oder privat. Unterstütze die mentale Gesundheit deiner Teams mit Angeboten wie Resilienz-Workshops oder flexiblen „Mental Health Days". Google ist ein Vorreiter, wenn es um individuelle Entwicklungsmöglichkeiten geht. Das Unternehmen ermöglicht seinen Mitarbeitenden, 20% ihrer Arbeitszeit für eigene Projekte zu nutzen. Dieser Freiraum fördert nicht nur Innovationen, sondern zeigt auch, dass Google die persönlichen Interessen und Ziele seiner Mitarbeitenden ernst nimmt.

Auch Benefits spielen eine wichtige Rolle. Denke dabei über die klassischen Angebote hinaus: Finanzielle Unterstützung bei der Kinderbetreuung, Zugang zu Fitness-Apps oder Zuschüsse für nachhaltige Mobilität wie E-Bikes können einen echten Unterschied machen. Spotify fördert beispielsweise die mentale Gesundheit seiner Teams durch regelmäßige Resilienz-Workshops und flexible „Wellness Days".

Am Ende entscheidet die Gen Z nicht allein, ob sie sich für dein Unternehmen interessiert. Sie zieht oft Freunde, Familie oder Kolleg:innen zurate. Pflege daher nicht nur deine Arbeitgebermarke, sondern auch das Netzwerk um dein Unternehmen herum. Mitarbeitende, die positiv über dich sprechen, sind deine stärksten Botschafter:innen.

Die Gen Z zu gewinnen bedeutet nicht, alles perfekt machen zu müssen – aber es bedeutet, glaubwürdig zu sein, zuzuhören und bereit zu sein, sich anzupassen. Wer diese Generation ernst nimmt und auf ihre Bedürfnisse eingeht, schafft nicht nur eine attraktive Arbeitsumgebung, sondern sichert sich auch eine motivierte und engagierte Belegschaft, die bereit ist, gemeinsam an der Zukunft des Unternehmens zu arbeiten.

8.6 Die passenden Bewerber:innen erhalten

Die passenden Bewerber:innen zu finden, ist in Zeiten des Fachkräftemangels keine leichte Aufgabe. Unternehmen müssen mehr tun, als einfach nur Stellenanzeigen zu schalten und auf Bewerbungen zu warten. Sie müssen aktiv daran arbeiten, sich für die richtigen Talente attraktiv zu machen und die Werte der potenziellen Mitarbeitenden zu verstehen. Wer viel will, muss auch viel bieten – diese Erkenntnis prägt die heutige Arbeitswelt.

Ein zentraler Punkt ist das Employer Branding. Unternehmen, die eine starke Arbeitgebermarke aufbauen, ziehen nicht nur mehr Bewerbende an, sondern auch die passenden. Denn eine klare und authentische Positionierung filtert automatisch jene heraus, die sich mit den Werten und der Kultur des Unternehmens identifizieren können. Ein Beispiel hierfür ist Zalando. Der Online-Händler hat eine Employer-Branding-Kampagne gestartet, die nicht nur die Dynamik und Innovationskraft des Unternehmens zeigt, sondern auch dessen Fokus auf Diversität und Nachhaltigkeit hervorhebt. Diese Werte ziehen gezielt Talente an, die sich damit identifizieren.

Die Deutsche Bahn hat sich als Vorreiter etabliert, wenn es darum geht, aktiv auf die Gen Z zuzugehen – durch die Präsenz auf Social-Media-Plattformen wie TikTok oder Instagram. Mit authentischen und humorvollen Einblicken in den Arbeitsalltag und klaren Botschaften über die Karrieremöglichkeiten spricht sie gezielt junge Menschen an und positioniert sich als attraktiver Arbeitgeber. Die direkte Ansprache auf Kanälen, die die Zielgruppe nutzt, sorgt dafür, dass die Botschaft ankommt.

Neben der Ansprache ist die Gestaltung des Bewerbungsprozesses entscheidend. Der Prozess muss nicht nur einfach und schnell sein, sondern auch wertschätzend. Unternehmen wie SAP setzen hierbei auf innovative digitale Plattformen, die es Bewerbenden ermöglichen, ihren Status in Echtzeit zu verfolgen, ohne lange auf Rückmeldungen warten zu müssen. Gleichzeitig bieten sie personalisierte Rückmeldungen und einen klaren Einblick in die nächsten Schritte. Dieser Ansatz zeigt, dass SAP die Zeit und Mühe der Bewerbenden ernst nimmt.

Auch die Art der Stellenanzeige spielt eine Rolle. Sie sollte mehr sein als eine bloße Aufzählung von Anforderungen. Unternehmen sollten Geschichten erzählen und die Werte sowie die Kultur des Unternehmens in den Vordergrund stellen. Ein gelungenes Beispiel bietet Airbnb, das in seinen Stellenanzeigen nicht nur die Aufgaben beschreibt, sondern auch die Vision und den Zweck des Unternehmens betont. Das weckt Emotionen und schafft eine Verbindung, die über reine Fachkompetenzen hinausgeht.

Um die passenden Bewerber:innen zu erhalten, müssen Unternehmen zudem verstehen, dass Recruiting kein einmaliger Prozess ist. Es sollte ein kontinuierlicher Dialog sein. Networking-Veranstaltungen, Karrieremessen und Alumni-Programme sind Möglichkeiten, Talente langfristig zu binden – auch, wenn sie sich gerade nicht aktiv bewerben. Unternehmen wie Bosch setzen auf regelmäßige „Talent Days", bei denen Interessierte das Unternehmen kennenlernen können, ohne sofort in einen formellen Bewerbungsprozess eintreten zu müssen. Diese langfristige Bindung zahlt sich aus, wenn eine passende Position frei wird.

Schließlich ist es wichtig, dass Unternehmen sich als Partner:innen verstehen, nicht als Arbeitgebende im klassischen Sinne. Die Gen Z möchte sich mit ihrem Arbeitsplatz identifizieren können und spüren, dass ihre Bedürfnisse ernst genommen werden. Dies beginnt schon bei der ersten Kontaktaufnahme und setzt sich über den gesamten Bewerbungsprozess hinweg fort. Unternehmen, die sich in die Perspektive der Bewerbenden hineinversetzen und deren Wünsche respektieren, schaffen nicht nur ein positives Erlebnis, sondern sichern sich auch die besten Talente für die Zukunft.

Die passenden Bewerber:innen zu erhalten, ist keine Frage des Zufalls. Es ist das Ergebnis einer klaren Strategie, die die Bedürfnisse der Zielgruppe versteht und darauf eingeht. Wer bereit ist, den Bewerbungsprozess als integralen Bestandteil des Employer Brandings zu sehen und diesen mit Authentizität, Wertschätzung und Innovation zu gestalten, wird nicht nur die richtigen Talente finden, sondern sie auch langfristig binden.

8.7 Recruiting: 365 Tage!

Die Suche nach Talenten ist längst kein Projekt mehr, das nur gestartet wird, wenn akuter Personalbedarf besteht. In der heutigen Arbeitswelt muss Recruiting als ein kontinuierlicher Prozess verstanden werden – eine Aufgabe, die 365 Tage im Jahr auf der Agenda steht. Unternehmen, die sich nur dann mit der Suche nach neuen Mitarbeitenden beschäftigen, wenn eine Stelle unbesetzt ist, handeln zu spät und riskieren, wertvolle Zeit und Geld zu verlieren.

Denn eines ist sicher: Eine unbesetzte Stelle ist teurer, als in ein ganzjähriges Recruiting zu investieren. Die Kosten für entgangene Umsätze, Überstunden des bestehenden Teams oder die Verzögerung wichtiger Projekte summieren sich schnell. Gleichzeitig verschlechtert sich das Betriebsklima, wenn Mitarbeitende dauerhaft überlastet sind, weil Stellen nicht rechtzeitig nachbesetzt werden können. Es lohnt sich also, langfristig zu denken und Recruiting als kontinuierliche Aufgabe zu begreifen.

Aber wie sieht Recruiting aus, das 365 Tage im Jahr funktioniert? Zunächst braucht es eine starke Arbeitgebermarke, die durchgehend präsent ist. Unternehmen sollten regelmäßig Inhalte veröffentlichen, die zeigen, wofür sie stehen und wie es ist, dort zu arbeiten. Social-Media-Plattformen wie LinkedIn, Instagram oder TikTok eignen sich hervorragend, um authentische Einblicke in den Arbeitsalltag zu geben. Mitarbeitende, die in kurzen Videos von ihren Projekten erzählen oder Einblicke in Team-Events geben, sorgen dafür, dass das Unternehmen immer im Gespräch bleibt – selbst, wenn aktuell keine offenen Stellen beworben werden.

Netzwerken ist ein weiterer zentraler Bestandteil von kontinuierlichem Recruiting. Karrieremessen, Branchen-Events und Alumni-Programme ermöglichen, potenzielle Talente frühzeitig kennenzulernen und eine Beziehung aufzubauen, bevor überhaupt eine Stelle frei wird. Unternehmen wie Siemens nutzen gezielt solche Veranstaltungen, um Talente in ihren Talent-Pools zu speichern und bei zukünftigen Vakanzen direkt ansprechen zu können.

Eine weitere effektive Methode ist der Aufbau eines sogenannten „Talent Pools". Interessierte Bewerbende, die vielleicht aktuell noch nicht die perfekte Position im Unternehmen finden, können in einer Datenbank erfasst und regelmäßig mit Updates über neue Entwicklungen im Unternehmen informiert werden. So bleibt die Verbindung bestehen, und wenn eine passende Stelle frei wird, sind diese Talente direkt ansprechbar. Tools wie Beamery oder SmartRecruiters bieten moderne Lösungen, um diese Pools effizient zu verwalten.

Auch die interne Mobilität spielt eine Rolle. Unternehmen, die regelmäßig die Entwicklung ihrer Mitarbeitenden evaluieren und Weiterbildungsprogramme anbieten, haben einen Vorteil, wenn es darum geht, offene Positionen schnell zu besetzen. Statt extern zu suchen, können Mitarbeitende mit den richtigen Qualifikationen aus den eigenen Reihen gefördert werden. Dies spart nicht nur Zeit und Geld, sondern stärkt auch die Bindung der Mitarbeitenden.

Ein gutes Beispiel für kontinuierliches Recruiting liefert das Unternehmen Netflix. Mit seinem Ansatz „Always Be Hiring" bleibt Netflix in der Talentgewinnung proaktiv. Statt auf eingehende Bewerbungen zu warten, sucht das Unternehmen aktiv nach den besten Talenten – nicht nur über Stellenanzeigen, sondern auch durch Empfehlungen und Netzwerkaktivitäten. Diese Haltung zeigt, dass Recruiting nicht auf die Schnelle passiert, sondern ein fester Bestandteil der Unternehmenskultur ist.

Schlussendlich geht es beim Recruting 365 nicht nur darum, Positionen zu besetzen, sondern darum, sich als Arbeitgeber:in langfristig interessant zu machen. Unternehmen, die diesen Ansatz ernst nehmen, schaffen eine Pipeline aus Talenten, die darauf warten, Teil des Teams zu werden. Diese Strategie ist nicht nur effektiv, sondern auch ein entscheidender Wettbewerbsvorteil in einem Arbeitsmarkt, in dem Talente oft die Qual der Wahl haben.

8.8 Recruiting ist Storytelling!

Menschen kaufen Geschichten – und das gilt nicht nur für Produkte, sondern auch für Arbeitsplätze. Eine Stellenanzeige, die lediglich Anforderungen und Aufgaben auflistet, reicht längst nicht mehr aus, um die Gen Z zu begeistern. Was diese Generation sucht, ist eine Geschichte, mit der sie sich identifizieren kann. Sie möchte wissen, was ein Unternehmen ausmacht, wie es arbeitet und warum es sich lohnt, ein Teil davon zu werden. Genau hier kommt das Storytelling ins Spiel: Es macht aus anonymen Jobangeboten authentische Einblicke in die Unternehmenskultur.

Storytelling ist dabei keine neue Erfindung – es ist Teil unseres Alltags. Wir alle betreiben ständig Storytelling, oft ohne es bewusst zu merken. Wenn wir unserem Freund von unserem neu gekauften Staubsaugerroboter erzählen, ist das Storytelling. Wenn wir Kolleg:innen vom letzten Urlaub berichten, ist das Storytelling. Und wenn ein Influencer auf Social Media ein neues Gericht empfiehlt, das er gestern zum ersten Mal probiert hat, ist das ebenfalls Storytelling. Geschichten verbinden, wecken Emotionen und schaffen Vertrauen. Genau deshalb müssen Unternehmen anfangen, mehr von sich zu erzählen. Storytelling ist der Schlüssel, um die Aufmerksamkeit der Gen Z zu gewinnen und eine Verbindung zu ihr aufzubauen.

Doch was bedeutet Storytelling im Recruiting konkret? Es geht darum, den potenziellen Bewerbenden nicht nur Informationen zu geben, sondern Emotionen zu wecken. Ein Unternehmen sollte seine Werte, seine Vision und seine Kultur durch Geschichten erlebbar machen. Nehmen wir das Beispiel von Airbnb: In seinen Stellenanzeigen erzählt das Unternehmen Geschichten über seine Mitarbeitenden, deren Projekte und wie sie dazu beitragen, Menschen weltweit ein Gefühl von „Zuhause" zu geben. Solche Geschichten wecken nicht nur Interesse, sondern auch das Gefühl, dass der eigene Beitrag bei Airbnb wirklich etwas bewirken kann.

Auch kleinere Unternehmen können von Storytelling profitieren. Statt auf Hochglanzbilder zu setzen, reicht es oft, echte Einblicke zu bieten. Ein kurzes Video, in dem ein Teammitglied erzählt, wie es seinen ersten großen Erfolg im Unternehmen erlebt hat, ist oft wirkungsvoller als jede Marketingfloskel. Die Gen Z schätzt Ehrlichkeit und Authentizität. Geschichten müssen keine Märchen sein – sie sollen real, greifbar und glaubwürdig sein.

Storytelling endet jedoch nicht bei der Stellenanzeige. Der gesamte Bewerbungsprozess bietet Gelegenheiten, eine Verbindung herzustellen. Unternehmen können in Einladungen zum Vorstellungs-gespräch Geschichten darüber erzählen, wie sie neue Talente ins Team integrieren oder wie sie individuelle Entwicklungsmöglichkeiten fördern. Diese Geschichten müssen keine Romane sein – kurze, prägnante Botschaften reichen aus, um zu zeigen, dass das Unternehmen die Bewerbenden als Menschen und nicht nur als Arbeitskräfte sieht.

Auch Social Media spielt im Storytelling eine zentrale Rolle. Plattformen wie TikTok, Instagram oder LinkedIn sind ideale Kanäle, um regelmäßig Geschichten aus dem Unternehmen zu teilen. Ein Beispiel liefert die Deutsche Bahn, die auf TikTok humorvolle und authentische Einblicke in den Arbeitsalltag bietet. Mitarbeitende erzählen in kurzen Clips, warum sie gerne bei der Bahn arbeiten, und geben gleichzeitig Einblicke in ihren Job. Dieses Format macht nicht nur neugierig, sondern zeigt auch, wie die Werte des Unternehmens im Alltag gelebt werden.

Ein weiteres effektives Storytelling-Element ist das sogenannte „Employee Advocacy". Mitarbeitende werden zu Botschafter:innen, die ihre persönlichen Erfahrungen mit dem Unternehmen teilen. Dieses Konzept ist besonders erfolgreich, weil es authentisch ist. Menschen vertrauen anderen Menschen – und wenn ein Teammitglied stolz erzählt, warum es gerne für das Unternehmen arbeitet, ist das oft überzeugender als jede Kampagne. Unternehmen wie Microsoft fördern aktiv solche Geschichten, indem sie Mitarbeitenden Plattformen bieten, auf denen sie ihre Erlebnisse teilen können.

Am Ende ist Storytelling im Recruiting mehr als nur ein Marketingansatz – es ist eine Möglichkeit, Beziehungen aufzubauen. Es zeigt den potenziellen Bewerbenden, dass hinter dem Unternehmensnamen echte Menschen und echte Werte stehen. Und genau diese Verbindung entscheidet oft darüber, ob sich die Gen Z für ein Unternehmen interessiert oder nicht.

So hängt alles zusammen:

Die Grafik zeigt, dass eine erfolgreiche Arbeitgebermarke – das Employer Branding – nur dann entstehen kann, wenn sie auf einem stabilen Fundament basiert: der Unternehmenskultur. Diese Kultur definiert die gelebten Werte, Normen und Prinzipier, die das Unternehmen von innen heraus prägen. Sie ist der Ausgangspunkt aller Erfahrungen und Handlungen, die sowohl Mitarbeitende als auch potenzielle Talente mit dem Unternehmen machen. Ohne eine authentische und glaubwürdige Unternehmenskultur sind alle Employer-Branding-Maßnahmen nur oberflächliche Marketingversuche, die langfristig keine Wirkung erzielen. Employer Branding muss daher immer von innen nach außen gelebt werden – nur wenn die interne Kultur stimmig ist, wird das Unternehmen auch für Außenstehende authentisch und attraktiv wirken.

Meine wichtigsten Notizen:

KAPITEL 9:

Benefits, die die Gen Z ansprechen

9.1 Was die Gen Z von ihrem Arbeitsplatz erwartet

Die Erwartungen der Gen Z an ihren Arbeitsplatz unterscheiden sich deutlich von denen früherer Generationen. Während Babyboomer und Generation X oft danach strebten, in einem stabilen und sicheren Umfeld Karriere zu machen, legt die Gen Z ihren Fokus auf Flexibilität, Sinnhaftigkeit und persönliche Entwicklung. Für sie ist Arbeit nicht mehr nur Mittel zum Zweck, sondern ein Teil ihres Lebens, der in Einklang mit ihren Werten stehen muss.

Ein zentraler Punkt ist die Vereinbarkeit von Beruf und Privatleben. Die Gen Z hat keine Lust, ihr Leben für die Arbeit aufzuopfern. Work-Life-Balance ist für sie kein Luxus, sondern eine Grundvoraussetzung. Sie möchte ausreichend Zeit für Familie, Freunde und persönliche Interessen haben – und diese Zeit sollte nicht ständig zugunsten von Überstunden oder kurzfristigen Deadlines geopfert werden. Studien zeigen, dass mehr als 80 % der Gen Z flexible Arbeitszeiten als entscheidend ansehen. Arbeitgeber:innen, die diese Flexibilität nicht bieten, laufen Gefahr, die besten Talente an Unternehmen zu verlieren, die dies tun.

Doch Flexibilität allein reicht nicht aus. Die Gen Z erwartet auch, dass ihre Arbeit einen Sinn hat. Sie möchte wissen, dass ihre Tätigkeit einen positiven Beitrag leistet – sei es für das Unternehmen, die Gesellschaft oder die Umwelt. Das Streben nach Purpose ist ein zentraler Wert, der sich in ihrer Berufswahl und in ihrer langfristigen Bindung an ein Unternehmen widerspiegelt. Organisationen wie Patagonia oder Ecosia, die Nachhaltigkeit und soziale Verantwortung in den Mittelpunkt stellen, sind Beispiele für Arbeitgeber:innen, die die Werte der Gen Z perfekt verkörpern und damit hochattraktiv für diese Zielgruppe sind.

Neben Sinn und Flexibilität ist auch die Unternehmenskultur entscheidend. Die Gen Z sucht nach einem Umfeld, in dem sie sich wohlfühlen und entfalten kann. Ein gutes Betriebsklima, flache Hierarchien und ein respektvoller Umgang sind für sie essenziell. Sie möchte auf Augenhöhe kommunizieren und von Führungskräften unterstützt werden, die sie inspirieren und fördern, anstatt sie zu kontrollieren. Regelmäßiges Feedback, persönliche Wertschätzung und ein offenes Ohr für ihre Ideen gehören für die Gen Z zu den Grundpfeilern einer gelungenen Unternehmenskultur.

Ein weiterer wichtiger Aspekt sind die Arbeitsbedingungen. Während frühere Generationen häufig bereit waren, sich mit suboptimaler Bedingungen abzufinden, hat die Gen Z klare Vorstellungen davon, wie ein Arbeitsplatz aussehen sollte. Flexible Arbeitsmodelle, ergonomische Büros, Remote-Optionen und moderne Technologien sind keine Zusatzleistungen, sondern Erwartungen. Gleichzeitig legt die Gen Z großen Wert auf Angebote zur Förderung ihrer mentalen und physischen Gesundhe t, etwa durch Wellness-Programme Sportangebote oder Mental-Health-Unterstützung.

Die Gen Z kennt ihren Wert auf dem Arbeitsmarkt und scheut sich nicht, ihre Erwartungen klar zu formulieren. Unternehmen, die diese Werte nicht ernst nehmen, laufen Gefahr, sich für diese Generation unattraktiv zu machen. Es ist wichtig zu verstehen, dass die Ansprüche der Gen Z keine übertriebenen Forderungen sind, sondern ein Spiegelbild dessen, wie sie die Arbeitswelt gestalten möchte. Sie möchte in einem Umfeld arbeiten, das nicht nur ihre beruflichen Fähigkeiten nutzt, sondern auch ihre persönlichen Werte respektiert und fördert.

Für Unternehmen bedeutet das: Um die Gen Z für sich zu gewinnen, müssen sie nicht nur attraktive Gehälter oder Zusatzleistungen bieten. Sie müssen einen Arbeitsplatz schaffen, der den Ansprüchen dieser Generation gerecht wird – flexibel, sinnstiftend und menschenorientiert.

9.2 Was sind die passenden Benefits?

Die richtigen Benefits zu bieten, ist für Unternehmen ein zentraler Hebel, um die Gen Z anzusprechen und langfristig zu binden. Doch was zählt für diese Generation wirklich? Eines ist klar: Klassische Leistungen wie ein Dienstwagen oder ein Zuschuss zur Kantine reichen heute nicht mehr aus. Die Gen Z erwartet Benefits, die ihre Lebensrealität widerspiegeln und einen echten Mehrwert bieten – für ihren Alltag, ihre Gesundheit und ihre persönliche Weiterentwicklung.

Ein zentraler Bereich sind Gesundheits- und Wellnessangebote. Die Gen Z ist sich der steigenden Anforderungen und Belastungen im Berufs- und Privatleben bewusst und sucht nach Arbeitgeber:innen, die sie aktiv dabei unterstützen, gesund und ausgeglichen zu bleiben. Mental-Health-Angebote wie Resilienz-Workshops, anonyme Beratungsdienste oder flexible „Mental Health Days" sind besonders gefragt. Auch physische Gesundheit spielt eine wichtige Rolle. Zuschüsse für Fitness-Apps, Sportkurse oder den Zugang zu Fitnessstudios sind Benefits, die bei der Gen Z besonders gut ankommen.

Ein weiterer wichtiger Aspekt ist die Unterstützung bei der Vereinbarkeit von Beruf und Familie. Besonders Frauen könnten mehr und auch früher in den Beruf zurückkehren, wenn die Kinderbetreuung besser gesichert wäre. Laut einer Studie des Instituts der deutschen Wirtschaft würden viele Mütter sogar ihre Arbeitszeit erhöhen, wenn sie auf verlässliche Betreuung zählen könnten. Arbeitgeber:innen, die hier aktiv werden – etwa durch firmeneigene Kitas, Zuschüsse für Betreuungsplätze oder flexible Arbeitszeiten für Eltern – positionieren sich nicht nur als familienfreundlich, sondern profitieren auch von einer engagierten und zufriedenen Belegschaft.

Weiterbildung und persönliche Entwicklung sind ebenfalls zentrale Themen für die Gen Z. Sie möchte sich kontinuierlich weiterentwickeln, sowohl beruflich als auch privat. Ein flexibles Weiterbildungsbudget, das Mitarbeitende selbstständig für Kurse oder Workshops einsetzen können, ist ein attraktiver Benefit, der die Eigenverantwortung stärkt. Dieser Ansatz zeigt, dass persönliche Entwicklung für beide Seiten – Unternehmen und Mitarbeitende – gewinnbringend sein kann.

Finanzielle Benefits sind natürlich weiterhin relevant, doch die Gen Z hat auch hier klare Vorstellungen. Statt nur auf Gehaltserhöhungen zu setzen, schätzt sie flexible Angebote wie Zuschüsse für nachhaltige Mobilität (z. B. E-Bike-Leasing), Unterstützung bei der Altersvorsorge oder einmalige Boni für besondere Leistungen. Diese Art von Benefits zeigt, dass ein Unternehmen die Bedürfnisse seiner Mitarbeitenden ernst nimmt und über klassische Anreize hinaus denkt.

Zusätzlich rückt das Thema Nachhaltigkeit immer mehr in den Fokus. Arbeitgeber:innen, die Benefits anbieten, die mit ihren ökologischen und sozialen Werten übereinstimmen, gewinnen Sympathien bei der Gen Z. Beispiele sind Zuschüsse für nachhaltige Projekte, Unterstützung bei umweltfreundlicher Mobilität oder der Fokus auf faire Produktionsbedingungen bei Arbeitsmaterialien.

Am Ende geht es nicht darum, eine möglichst lange Liste an Benefits zu präsentieren. Was zählt, ist, dass die angebotenen Leistungen wirklich zu den Werten und Bedürfnissen der Gen Z passen. Unternehmen, die hier zuhören und individuell auf ihre Mitarbeitenden eingehen, schaffen nicht nur ein attraktives Arbeitsumfeld, sondern setzen auch ein starkes Signal: Wir sehen dich als Mensch und wollen, dass du dich bei uns wohlfühlst.

9.3 Mentale Gesundheit und Wohlbefinden am Arbeitsplatz

Die mentale Gesundheit und das Wohlbefinden der Mitarbeitenden sind in den vergangenen Jahren zu einem zentralen Thema geworden – besonders für die Gen Z. Diese Generation hat ein hohes Bewusstsein dafür, wie wichtig es ist, auf die eigene psychische Gesundheit zu achten. In einer Welt, die durch ständige Erreichbarkeit, Informationsflut und steigende Anforderungen geprägt ist, sucht sie nach Arbeitgeber:innen, die sie dabei unterstützen, Stress zu bewältigen und ein gesundes Gleichgewicht zu finden.

Ein Hauptgrund für diesen Fokus liegt in den gesellschaftlichen und technologischen Veränderungen der letzten Jahrzehnte. Die Digitalisierung hat zwar viele Prozesse vereinfacht, führt aber auch dazu, dass die Grenze zwischen Arbeit und Privatleben zunehmend verschwimmt. Ständige Erreichbarkeit, ob durch E-Mails, Messenger oder soziale Medien, erzeugt einen Druck, der langfristig belastend sein kann. Studien zeigen, dass sich viele junge Menschen durch diese permanente Verfügbarkeit gestresst fühlen und nach klaren Strukturen suchen, die es ihnen ermöglichen, abzuschalten.

Dazu kommt, dass die Gen Z mit dem Wissen aufwächst, dass psychische Erkrankungen wie Burnout oder Depression kein Tabuthema mehr sind. Sie erwarten von ihren Arbeitgeber:innen, dass diese Verantwortung übernehmen und ein Umfeld schaffen, in dem über mentale Gesundheit gesprochen werden kann, ohne dass es als Schwäche interpretiert wird. Regelmäßige Workshops zu Stressmanagement, Angebote zur Resilienzförderung und der Zugang zu psychologischer Unterstützung sind Maßnahmen, die Unternehmen ergreifen können, um dieser Erwartung gerecht zu werden.

Das Wohlbefinden am Arbeitsplatz geht jedoch über reine Prävention hinaus. Es umfasst auch die Schaffung eines Umfelds, in dem sich Mitarbeitende sicher und wertgeschätzt fühlen. Eine klare Kommunikation, regelmäßiges Feedback und eine offene Unternehmenskultur, in der Probleme frühzeitig angesprochen werden können, sind wichtige Bestandteile eines solchen Umfelds. Unternehmen, die dies erfolgreich umsetzen, fördern nicht nur die Zufriedenheit ihrer Teams, sondern auch deren Engagement und Produktivität.

Ein weiterer wichtiger Faktor ist die Förderung einer positiven Work-Life-Balance. Die Gen Z legt großen Wert darauf, dass ihr Privatleben nicht zugunsten der Arbeit auf der Strecke bleibt. Flexible Arbeitsmodelle, die Möglichkeit, im eigenen Rhythmus zu arbeiten, und Angebote wie „Mental Health Days" können helfen, dieses Gleichgewicht herzustellen. Gleichzeitig ist es wichtig, dass Führungskräfte mit gutem Beispiel vorangehen. Wenn sie zeigen, dass es in Ordnung ist, Pausen zu machen und Grenzen zu setzen, ermutigt das die Mitarbeitenden, dasselbe zu tun.

Auch die physische Arbeitsumgebung spielt eine Rolle für das Wohlbefinden. Ergonomische Arbeitsplätze, Räume für Erholung und Rückzug sowie Angebote wie Yoga oder Meditation am Arbeitsplatz können dazu beitragen, Stress abzubauen und die mentale Gesundheit zu fördern. Hier geht es nicht darum, ein Wellness-Paradies zu schaffen, sondern gezielt auf die Bedürfnisse der Belegschaft einzugehen.

Die Gen Z erwartet von ihren Arbeitgeber:innen keine perfekten Lösungen, sondern ein ehrliches Bemühen, ihre mentale Gesundheit und ihr Wohlbefinden ernst zu nehmen. Unternehmen, die diese Erwartungen erfüllen, stärken nicht nur ihre Attraktivität auf dem Arbeitsmarkt, sondern schaffen auch eine Kultur des Miteinanders, die langfristig zu einer höheren Bindung und besseren Leistungen führt.

Meine wichtigsten Notizen:

_____

_____

_____

_____

_____

_____

_____

_____

_____

_____

_____

_____

_____

Meine wichtigsten Notizen:

KAPITEL 10:

Kommunikation und Diversität in der neuen Arbeitswelt

10.1 MIT der Gen Z reden, nicht ÜBER sie

Wenn es um die Gen Z geht, wird oft in Stereotypen gesprochen: „Diese Generation will nur chillen", „Die haben keine Ausdauer" oder „Sie sind viel zu sensibel für die Realität." Solche Vorurteile sind weitverbreitet, aber selten fundiert. Der größte Fehler, den Unternehmen machen können, ist, sich von diesen Klischees leiten zu lassen, anstatt den direkten Austausch mit der Gen Z zu suchen. Denn wer wirklich verstehen will, was diese Generation bewegt, muss MIT ihr reden, nicht ÜBER sie.

Eine offene Kommunikation schafft nicht nur Verständnis, sondern baut auch Barrieren ab. Die ältere Generation – egal ob Führungskräfte oder Kolleg:innen – ist oft überrascht, wie klar und reflektiert die Gen Z ihre Bedürfnisse und Werte äußert. Während frühere Generationen oft stillschweigend akzeptierten, was von ihnen erwartet wurde, traut sich die Gen Z, Dinge offen anzusprechen. Das mag für manche unbequem wirken, bietet aber die Chance, Missverständnisse frühzeitig auszuräumen und gemeinsam an Lösungen zu arbeiten.

Ein häufiges Missverständnis ist beispielsweise der Vorwurf, die Gen Z sei faul. Doch die Realität sieht anders aus. Studien zeigen, dass junge Menschen durchaus bereit sind, hart zu arbeiten – vorausgesetzt, sie erkennen den Sinn ihrer Tätigkeit und erfahren die nötige Wertschätzung. Interessant ist in diesem Zusammenhang, dass die Zahl der Existenzgründungen in Deutschland im Jahr 2023 auf 568.000 gestiegen ist, ein Plus von 3 % im Vergleich zum Vorjahr. Viele dieser Gründungen werden von jungen Menschen initiiert, die sich bewusst für den Weg in die Selbstständigkeit entscheiden.

Diese Jungunternehmer:innen verkörpern den „Hustle"-Vibe: Sie bringen das Mindset mit, hart für ihre Ziele zu arbeiten und Verantwortung für ihren Erfolg zu übernehmen. Was sie antreibt, ist das Streben nach Sinn und persönlicher Erfüllung – etwas, das viele Unternehmen bislang nicht ausreichend vermitteln können. Deshalb ist es nicht überraschend, dass solche ambitionierten Charaktere häufiger im selbstständigen Bereich anzutreffen sind als in der klassischen Angestelltenwelt. Dieses Beispiel zeigt deutlich: Die Gen Z ist alles andere als faul. Sie benötigt lediglich ein Arbeitsumfeld, das ihre Werte und Ziele widerspiegelt.

Ein weiterer wichtiger Punkt ist die Erwartungshaltung. Die Gen Z fordert viel – keine Frage. Aber sie bringt auch frische Ideen und neue Perspektiven ein, die für Unternehmen von unschätzbarem Wert sein können. Wer die Diskussion mit der Gen Z sucht, erfährt nicht nur, was sie von der Arbeitswelt erwartet, sondern kann auch von ihrer Kreativität und ihrem digitalen Know-how profitieren. Ältere Generationen könnten überrascht sein, wie oft sie von der Gen Z lernen können, sei es im Umgang mit Technologien oder bei der Entwicklung innovativer Lösungsansätze.

Doch wie können Unternehmen diesen Dialog fördern? Es beginnt mit der Haltung: Statt von oben herab zu kommunizieren, sollten Führungskräfte und Kolleg:innen auf Augenhöhe agieren. Das bedeutet nicht, dass die Gen Z immer ihren Willen bekommt, sondern dass ihre Meinungen und Ideen ernst genommen werden. Einfache Formate wie regelmäßige Feedbackgespräche, gemeinsame Workshops oder informelle „Kaffee-Runden" können helfen, den Austausch zu fördern.

Eine weitere Möglichkeit ist, formelle Plattformen zu schaffen, auf denen alle Generationen im Unternehmen ihre Gedanken und Vorschläge einbringen können. Das können digitale Ideenplattformen oder regelmäßige Meetings sein, in denen alle Mitarbeitenden die Gelegenheit haben, sich einzubringen. Wichtig ist dabei, dass der Fokus nicht nur auf der Gen Z liegt, sondern dass alle Generationen einbezogen werden. Denn oft zeigt sich, dass die Bedürfnisse der Gen Z gar nicht so anders sind als die der älteren Kolleg:innen – sie werden nur anders formuliert.

Unternehmen, die den Dialog mit der Gen Z aktiv fördern, profitieren gleich doppelt: Sie lernen nicht nur, was diese Generation benötigt, sondern zeigen auch, dass sie bereit sind, zuzuhören und sich anzupassen. Das schafft Vertrauen, fördert die Zusammenarbeit und sorgt dafür, dass sich die Gen Z im Unternehmen wohlfühlt und langfristig bleibt.

10.2 Innovation durch Vielfalt / Diversität

Vielfalt und Diversität sind weit mehr als bloße Schlagworte – sie sind die treibenden Kräfte für Innovation. Unterschiedliche Perspektiven, Hintergründe und Erfahrungen bringen frische Ideen und unkonventionelle Lösungsansätze in Unternehmen. Besonders in einer Welt, die zunehmend vernetzt und globalisiert ist, bietet Diversität die Möglichkeit, sich auf neue Herausforderungen einzustellen und diese erfolgreich zu meistern.

Die Gen Z hat ein starkes Bewusstsein für die Bedeutung von Vielfalt. Sie ist die erste Generation, die in einer Welt aufgewachsen ist, in der Themen wie Gleichberechtigung, Inklusion und kulturelle Offenheit nicht nur diskutiert, sondern aktiv gelebt werden. Für diese Generation ist es selbstverständlich, dass unterschiedliche Identitäten und Perspektiven nicht nur akzeptiert, sondern aktiv gefördert werden. Unternehmen, die dies umsetzen, positionieren sich nicht nur als moderne Arbeitgeber:innen, sondern profitieren auch von den innovativen Impulsen, die eine vielfältige Belegschaft mit sich bringt.

Vielfalt umfasst dabei weit mehr als Herkunft oder Geschlecht. Sie erstreckt sich auf viele Dimensionen wie Alter, kulturellen Hintergrund, Ausbildung und unterschiedliche berufliche Erfahrungen. Ein Team, das Menschen aus verschiedenen Lebensbereichen zusammenbringt, bietet ein breites Spektrum an Sichtweisen und Ansätzen – und genau das ist der Schlüssel zu Innovation.

Warum ist Diversität ein so starker Innovationsmotor? Ganz einfach: Unterschiedliche Sichtweisen fördern den Austausch und die Kreativität. In einem homogenen Team besteht die Gefahr, dass Probleme immer wieder auf die gleiche Weise betrachtet und angegangen werden. Doch je vielfältiger ein Team zusammengesetzt ist, desto größer ist die Chance, dass neue Ansätze entstehen. Eine Untersuchung von McKinsey ergab beispielsweise, dass Unternehmen mit hoher ethnischer und kultureller Vielfalt eine um bis zu 36% höhere Wahrscheinlichkeit haben, profitabler zu sein als weniger diverse Unternehmen. Vielfalt ist also nicht nur ein gesellschaftlicher Wert, sondern auch ein klarer Wettbewerbsvorteil.

Ein weiterer Aspekt ist die Marktanpassung. Unternehmen, die eine diverse Belegschaft haben, können die Bedürfnisse einer vielfältigen Kundschaft besser verstehen und ansprechen. Ein Team, das aus Menschen mit unterschiedlichen Hintergründen besteht, bringt automatisch ein breiteres Verständnis für kulturelle Nuancen und gesellschaftliche Trends mit. Dies führt nicht nur zu besseren Produkten und Dienstleistungen, sondern stärkt auch die Markenbindung bei verschiedenen Zielgruppen.

Doch Diversität bedeutet nicht automatisch Erfolg. Damit sie ihr volles Potenzial entfalten kann, braucht es eine Unternehmenskultur, die auf Offenheit, Respekt und Inklusion basiert. Es reicht nicht aus, diverse Talente ins Unternehmen zu holen – sie müssen sich auch gehört und wertgeschätzt fühlen. Führungskräfte spielen hier eine Schlüsselrolle, indem sie eine Kultur des Miteinanders fördern und sicherstellen, dass alle Stimmen im Unternehmen Gehör finden.

Ein weiteres Hindernis für Diversität in Unternehmen sind oft unbewusste Vorurteile (sogenannte „Unconscious Biases"). Diese können dazu führen, dass Talente aufgrund von Geschlecht, Herkunft oder anderen Merkmalen unbewusst benachteiligt werden. Um dem entgegenzuwirken, sollten Unternehmen Schulungen und Sensibilisierungsprogramme anbieten, die Mitarbeitenden helfen, diese Vorurteile zu erkennen und abzubauen.

Die Gen Z erwartet von ihren Arbeitgeber:innen, dass sie Vielfalt nicht nur fördern, sondern aktiv leben. Für diese Generation ist Diversität keine Option, sondern ein selbstverständlicher Teil der Arbeitswelt. Unternehmen, die sich diesem Anspruch verschließen, riskieren, nicht nur Talente zu verlieren, sondern auch ihre Innovationskraft einzubüßen. Denn in einer Zeit, in der Wandel die einzige Konstante ist, sind es die vielfältigen Ideen und Perspektiven, die den Unterschied machen.

10.3 Der Wert authentischer Unternehmenskommunikation

In einer Welt, in der sich Informationen schneller verbreiten als je zuvor, hat die Kommunikation eines Unternehmens eine entscheidende Bedeutung. Besonders für die Gen Z, die mit sozialen Medien und einem konstanten Strom an Informationen aufgewachsen ist, zählt Authentizität mehr als Hochglanz-PR. Unternehmen müssen nicht nur sprechen, sondern so kommunizieren, dass sie glaubwürdig und nahbar wirken.

Die Gen Z hat ein feines Gespür dafür, ob ein Unternehmen wirklich hinter seinen Aussagen steht oder nur versucht, gut dazustehen. Begriffe wie Greenwashing, Diversity-Washing oder Purpose-Washing sind für diese Generation nicht nur bekannt, sondern sie werden aktiv hinterfragt. Die Konsequenz: Unternehmen, die sich in Widersprüche verstricken oder nicht ehrlich kommunizieren, riskieren ihre Glaubwürdigkeit – und damit auch das Vertrauen potenzieller Bewerber:innen und Kund:innen.

Authentische Kommunikation bedeutet, die eigene Unternehmenskultur nach außen sichtbar zu machen. Dabei geht es nicht darum, ein perfektes Bild zu zeichnen, sondern ein echtes. Niemand erwartet, dass ein Unternehmen fehlerfrei ist. Was zählt, ist Transparenz – sei es bei Herausforderungen, Erfolgen oder auch Fehlern. Wenn ein Unternehmen offen kommuniziert, wie es an sich arbeitet und welche Schritte es unternimmt, um besser zu werden, schafft es Vertrauen und zeigt gleichzeitig, dass es sich ernsthaft mit Themen auseinandersetzt.

Ein Beispiel dafür ist der Umgang mit Nachhaltigkeit. Unternehmen, die offenlegen, wo sie in Sachen Klimaschutz stehen, und gleichzeitig konkrete Ziele und Maßnahmen präsentieren, wirken glaubwürdiger als solche, die lediglich grüne Schlagworte verwenden. Authentizität entsteht, wenn Worte und Taten übereinstimmen.

Auch die interne Kommunikation spielt eine große Rolle. Die Art und Weise, wie ein Unternehmen mit seinen Mitarbeitenden kommuniziert, spiegelt sich in der Außenwahrnehmung wider. Offene Dialoge, regelmäßiges Feedback und der Mut, auch unangenehme Themen anzusprechen, sind wesentliche Bausteine einer glaubwürdigen Unternehmenskultur.

Social Media ist ein weiterer wichtiger Kanal, um authentische Kommunikation zu etablieren. Hier hat die Gen Z klare Erwartungen: Die Inhalte müssen nahbar und authentisch wirken, nicht wie eine perfekt inszenierte Marketingkampagne. Kurze Einblicke hinter die Kulissen, ungeschönte Videos von Mitarbeitenden oder humorvolle Beiträge schaffen Nähe und geben der Marke ein Gesicht. Unternehmen, die diese Möglichkeiten nutzen, zeigen, dass sie nicht nur mitreden, sondern wirklich Teil der Welt der Gen Z sind.

Eine erfolgreiche Kommunikation setzt zudem voraus, dass Unternehmen zuhören. Die Gen Z möchte nicht nur Empfänger von Botschaften sein, sondern sich aktiv einbringen können. Plattformen, die den Dialog fördern – sei es durch Umfragen, Kommentare oder offene Foren – zeigen, dass ein Unternehmen Wert auf die Meinung seiner Zielgruppe legt.

Am Ende ist authentische Unternehmenskommunikation mehr als ein Mittel, um Aufmerksamkeit zu generieren. Sie ist ein Ausdruck von Haltung und Charakter. Für die Gen Z ist sie entscheidend, um zu beurteilen, ob ein Unternehmen zu ihren Werten passt – und ob es ein attraktiver Arbeitgeber ist.

10.4 Reverse Mentoring: Lernen geht in beide Richtungen

Traditionell wird Wissen in Unternehmen von oben nach unten weitergegeben – erfahrene Führungskräfte oder Senior-Mitarbeitende geben ihr Wissen an die jüngeren Kolleg:innen weiter. Doch in einer Arbeitswelt, die sich ständig verändert und in der die digitale Transformation immer schneller voranschreitet, hat sich gezeigt, dass Lernen keine Einbahnstraße ist. Genau hier kommt das Konzept des Reverse Mentoring ins Spiel: Ein Ansatz, bei dem ältere Generationen von den jüngeren lernen können – und umgekehrt.

Die Gen Z bringt Fähigkeiten und Perspektiven mit, die für viele Unternehmen von unschätzbarem Wert sind. Als Digital Natives ist sie mit Technologien und sozialen Medien aufgewachsen und hat ein intuitives Verständnis dafür, wie diese Werkzeuge genutzt werden können, um Prozesse zu verbessern, Kommunikation zu vereinfachen oder neue Zielgruppen zu erreichen. Ältere Kolleg:innen profitieren von diesem Wissen, indem sie lernen, digitale Trends zu verstehen und sie gewinnbringend im Arbeitsalltag einzusetzen.

Doch Reverse Mentoring ist weit mehr als ein Technologie-Training. Es ist eine Möglichkeit, den Dialog zwischen den Generationen zu fördern und voneinander zu lernen. Die Gen Z bringt frische Ideen, neue Denkweisen und ein starkes Bewusstsein für Themen wie Diversität, Nachhaltigkeit und Work-Life-Balance mit. Ältere Generationen können dieses Wissen nutzen, um ihre Führungsstile und Strategien an die Anforderungen einer modernen Arbeitswelt anzupassen. Gleichzeitig bietet Reverse Mentoring der Gen Z die Chance, von der Erfahrung und dem strategischen Denken ihrer älteren Kolleg:innen zu profitieren.

Ein weiterer Vorteil von Reverse Mentoring ist, dass es Vorurteile und Missverständnisse zwischen den Generationen abbauen kann. Häufig gibt es in Unternehmen Spannungen, weil unterschiedliche Generationen mit verschiedenen Erwartungen und Arbeitsweisen aufeinandertreffen. Durch den direkten Austausch im Rahmen eines Mentoring-Programms lernen beide Seiten, die Perspektive der jeweils anderen Generation zu verstehen und wertzuschätzen.

Wie lässt sich Reverse Mentoring erfolgreich umsetzen? Zunächst einmal braucht es eine Unternehmenskultur, die Offenheit und gegenseitigen Respekt fördert. Führungskräfte sollten nicht nur das Konzept unterstützen, sondern aktiv daran teilnehmen, um ein Beispiel zu setzen. Wichtig ist zudem, dass die Rollen klar definiert werden: Beide Seiten – Mentor:in und Mentee – sollten wissen, was sie voneinander erwarten können und welche Ziele das Programm verfolgt.

Der Erfolg von Reverse Mentoring hängt maßgeblich von der Bereitschaft beider Seiten ab, sich auf das Programm einzulassen. Die ältere Generation muss offen dafür sein, von den jüngerer zu lernen, ohne sich dabei in ihrer Rolle als Führungskraft oder Expert:in infrage gestellt zu fühlen. Gleichzeitig ist es wichtig, dass die Gen Z die Erfahrung und das Wissen ihrer älteren Kolleg:innen respektiert und bereit ist, selbst Fragen zu stellen und zuzuhören.

Am Ende ist Reverse Mentoring mehr als nur ein Werkzeug zur Wissensvermittlung. Es schafft eine Kultur des Lernens, des gegenseitigen Respekts und der Zusammenarbeit – und bringt Unternehmen einen Schritt näher an eine Arbeitswelt, die wirklich generationenübergreifend funktioniert.

10.5 Kulturelle Intelligenz im Unternehmen

In einer immer stärker vernetzten und globalisierten Welt ist kulturelle Intelligenz – auch bekannt als Cultural Intelligence (CQ) – zu einem entscheidenden Erfolgsfaktor für Unternehmen geworden. CQ beschreibt die Fähigkeit, effektiv mit Menschen aus unterschiedlichen kulturellen Hintergründen zusammenzuarbeiten. Dabei geht es nicht nur um internationale Geschäftsbeziehungen, sondern auch um die Zusammenarbeit innerhalb immer vielfältigerer Teams.

Die Gen Z ist eine Generation, die in einer diverseren Welt aufgewachsen ist als jede zuvor. Für sie sind unterschiedliche kulturelle Hintergründe nicht nur Normalität, sondern ein wertvoller Bestandteil ihres Umfelds. Sie erwartet von Unternehmen, dass diese Diversität nicht nur akzeptiert, sondern aktiv gefördert und genutzt wird. Arbeitgeber:innen, die kulturelle Intelligenz in ihre Unternehmenskultur integrieren, schaffen nicht nur ein besseres Arbeitsklima, sondern fördern auch Innovation und Zusammenarbeit.

Kulturelle Intelligenz erfordert gezielte Anstrengungen und die Bereitschaft, die Perspektiven anderer zu verstehen und wertzuschätzen. Unternehmen können CQ auf verschiedene Weisen fördern: durch interkulturelle Trainings, den Aufbau gemischter Teams und die Etablierung eines offenen Dialogs. Besonders wichtig ist es, eine Atmosphäre zu schaffen, in der sich jede:r sicher fühlt, eigene Sichtweisen und Ideen einzubringen, ohne Angst vor Vorurteilen oder Ablehnung zu haben.

Ein weiterer Aspekt kultureller Intelligenz ist die Fähigkeit, sich auf unterschiedliche Kommunikationsstile einzustellen. Während in manchen Kulturen direkter Austausch bevorzugt wird, setzen andere auf subtilere Formen der Kommunikation. Führungskräfte und Mitarbeitende, die diese Unterschiede erkennen und sich darauf einstellen können, vermeiden Missverständnisse und schaffen eine produktive Zusammenarbeit.

Die Gen Z bevorzugt Arbeitsumfelder, die Offenheit und Respekt leben und Vielfalt als Bereicherung sehen. Sie möchte in einem Unternehmen arbeiten, das ein modernes Verständnis von Zusammenarbeit vermittelt und den Dialog zwischen verschiedenen Hintergründen aktiv fördert. Unternehmen, die das umsetzen, positionieren sich als fortschrittlich und stärken ihre Attraktivität auf dem Arbeitsmarkt.

Die Förderung kultureller Intelligenz hat auch wirtschaftliche Vorteile. Teams, die kulturell vielfältig und intelligent agieren, sind oft kreativer und effektiver bei der Problemlösung. Sie bringen unterschiedliche Perspektiven ein und finden dadurch oft bessere und innovativere Lösungen. Studien zeigen, dass Unternehmen mit einem hohen Maß an kultureller Intelligenz nicht nur erfolgreicher in der Zusammenarbeit sind, sondern auch profitabler arbeiten.

Kulturelle Intelligenz ist keine Fähigkeit, die sich über Nacht entwickeln lässt. Sie erfordert kontinuierliches Lernen, Reflexion und die Bereitschaft, aus Fehlern zu lernen. Unternehmen, die CQ aktiv fördern, zeigen nicht nur, dass sie den Anforderungen einer globalisierten Welt gewachsen sind, sondern schaffen auch ein Arbeitsumfeld, in dem sich jede:r – unabhängig von Herkunft oder Hintergrund – willkommen und wertgeschätzt fühlt.

Meine wichtigsten Notizen:

KAPITEL 11:

Zukunftsstrategien für Unternehmen

11.1 Warum wir die Gen Z brauchen

Der demografische Wandel ist in vollem Gange, und seine Auswirkungen auf den Arbeitsmarkt sind bereits heute spürbar. Immer mehr Stellen bleiben unbesetzt, Projekte verzögern sich, und die Belastung für bestehende Mitarbeitende steigt. In den nächsten Jahren wird ein großer Teil der Babyboomer-Generation in den Ruhestand gehen, was eine erhebliche Lücke in der Arbeitswelt hinterlässt. Laut dem Ökonomen Enzo Weber wird Deutschland bis 2035 rund sieben Millionen Arbeitskräfte verlieren – das entspricht einem Siebtel des gesamten Arbeitsmarktes. Dieser Verlust trifft Unternehmen in nahezu allen Branchen und macht deutlich, dass die Gen Z eine Schlüsselrolle für die Zukunft der Wirtschaft spielt.

Die Gen Z ist nicht nur zahlenmäßig wichtig, sondern bringt auch Eigenschaften und Kompetenzen mit, die in einer sich schnell wandelnden Welt unverzichtbar sind. Ihre digitale Kompetenz ist ein Beispiel dafür: Als Digital Natives sind sie mit Technologien aufgewachsen und wissen, wie man diese effizient einsetzt, um Prozesse zu optimieren, neue Geschäftsfelder zu erschließen oder die Kommunikation zu verbessern. In einer Wirtschaft, die zunehmend auf digitale Lösungen angewiesen ist, bietet die Gen Z einen klaren Wettbewerbsvorteil.

Doch es ist nicht nur ihre technologische Affinität, die die Gen Z so wertvoll macht. Ihre Werte und Erwartungen an den Arbeitsplatz spiegeln die Veränderungen wider, die auch in der Gesellschaft insgesamt sichtbar werden. Themen wie Nachhaltigkeit, Diversität und Work-Life-Balance sind nicht nur persönliche Anliegen cer Gen Z, sondern auch zentrale Herausforderungen, denen sich Unternehmen stellen müssen, um zukunftsfähig zu bleiben. Indem sie die Gen Z integrieren und ernst nehmen, können Organisationen nicht nur die besten Talente gewinnen, sondern auch ihre Innovationskraft und gesellschaftliche Relevanz stärken.

Diversität ist ein weiterer wichtiger Faktor, der im Zusammenhang mit der Gen Z eine große Rolle spielt. Diese Generation ist vielfältiger als alle vorherigen und sieht Diversität nicht nur als geselschaftliche Notwendigkeit, sondern als echten Mehrwert. Nur durch gelungene Integration von Talenten aus verschiedenen kulturellen und sozialen Hintergründen wird es möglich sein, den Fachkräftemangel zumindest zu kompensieren – auch wenn er dadurch nicht vollständig gelöst werden kann. Die Gen Z bringt ein Verständnis für diese Vielfalt mit, das entscheidend dazu beitragen kann, neue Arbeitsmodelle und Strategien zu entwickeln, die alle Generationen und Hintergründe einbeziehen.

Für Unternehmen bedeutet das, dass sie die Gen Z nicht nur brauchen, sondern sich aktiv um sie bemühen müssen. Wer ihre Potenziale nicht erkennt oder ihre Werte ignoriert, riskiert, den Anschluss an die Zukunft zu verlieren. Denn die Gen Z ist nicht bereit, sich an Unternehmen anzupassen, die sie nicht ernst nehmen. Sie wird sich entweder selbstständig machen oder Arbeitgeber:innen suchen, die ihre Ansprüche erfüllen – sei es im Ausland oder in Unternehmen, die bereits mit modernen Arbeitsmodellen arbeiten.

Die Integration der Gen Z ist nicht nur eine Aufgabe für einzelne Unternehmen, sondern eine gesamtwirtschaftliche Herausforderung. Wenn es Deutschland nicht gelingt, diese Generation für den heimischen Arbeitsmarkt zu gewinnen, droht ein erheblicher Wettbewerbsnachteil auf globaler Ebene. Höchste Zeit also, die Gen Z nicht nur als Arbeitskräfte der Zukunft zu sehen, sondern als Partner:innen, die aktiv an der Gestaltung der Arbeitswelt beteiligt werden.

11.2 Langfristige Trends und Entwicklungen

Die Arbeitswelt ist im Wandel, und dieser Wandel beschleunigt sich zunehmend. Langfristige Trends und Entwicklungen zeichnen sich bereits ab, die nicht nur die Art und Weise, wie wir arbeiten, sondern auch, wie wir Arbeitsplätze gestalten und Menschen führen, grundlegend verändern werden.

Ein zentraler Trend ist die Digitalisierung, die auch in den kommenden Jahrzehnten die Arbeitswelt dominieren wird. Automatisierung und Künstliche Intelligenz (KI) übernehmen immer mehr Routinetätigkeiten, was nicht nur die Effizienz steigert, sondern auch neue Anforderungen an die Arbeitskräfte stellt. Die Gen Z, die mit digitalen Technologien aufgewachsen ist, bringt die Fähigkeit mit, diese Tools nicht nur zu nutzen, sondern auch aktiv mitzugestalten. Doch mit der Digitalisierung entstehen auch Herausforderungen: Die Notwendigkeit kontinuierlicher Weiterbildung wird zunehmen, da neue Technologien auch neue Kompetenzen erfordern.

Neben der Digitalisierung wird auch der demografische Wandel die Arbeitswelt weiter prägen. Der Rückgang der erwerbstätigen Bevölkerung, kombiniert mit einer älter werdenden Gesellschaft, bedeutet, dass der Wettbewerb um Talente noch intensiver wird. Unternehmen, die es schaffen, sich an diese Realität anzupassen, indem sie die Bedürfnisse jüngerer Generationen ernst nehmen und gleichzeitig ältere Mitarbeitende einbinden, werden langfristig erfolgreich sein.

Ein weiterer langfristiger Trend ist die zunehmende Bedeutung von Diversität und Inklusion. Studien belegen, dass vielfältige Teams nicht nur innovativer, sondern auch wirtschaftlich erfolgreicher sind. Die Gen Z treibt diese Entwicklung voran, da sie eine Kultur fordert, in der Unterschiedlichkeit als Stärke gesehen wird. Arbeitgeber:innen, die dies umsetzen, schaffen nicht nur ein attraktives Arbeitsumfeld, sondern fördern auch die Kreativität und Anpassungsfähigkeit ihrer Teams.

Parallel dazu verändert sich die Einstellung der Menschen zur Arbeit. Während Arbeit früher oft als Verpflichtung wahrgenommen wurde, sehen immer mehr Menschen sie heute als Teil ihrer persönlichen Entfaltung. Diese Verschiebung hin zu einem stärkeren Fokus auf Work-Life-Balance, Sinnhaftigkeit und individuellen Gestaltungsmöglichkeiten wird die Arbeitswelt langfristig prägen. Unternehmen, die flexible Arbeitsmodelle, persönliche Entwicklungsmöglichkeiten und eine werteorientierte Unternehmenskultur bieten, werden in diesem Umfeld die Nase vorn haben.

Nachhaltigkeit ist ein weiterer Trend, der zunehmend an Bedeutung gewinnt. Angesichts des Klimawandels und der wachsenden Erwartungen von Konsument:innen und Mitarbeitenden wird es für Unternehmen unerlässlich, nachhaltige Geschäftsmodelle zu entwickeln. Die Gen Z, die sich stark für ökologische und soziale Verantwortung einsetzt, treibt diesen Wandel maßgeblich voran. Organisationen, die Nachhaltigkeit nicht nur als Marketingstrategie nutzen, sondern tatsächlich in ihren Kern integrieren, werden langfristig die besten Chancen haben, Talente zu gewinnen und Kundenvertrauen aufzubauen.

All diese Trends sind nicht isoliert voneinander zu betrachten. Sie wirken zusammen und verändern die Art und Weise, wie Unternehmen operieren. Führungskräfte stehen vor der Herausforderung, nicht nur auf diese Entwicklungen zu reagieren, sondern sie aktiv mitzugestalten. Das bedeutet, eine langfristige Strategie zu entwickeln, die technologische, demografische und gesellschaftliche Veränderungen berücksichtigt.

Langfristig wird die Fähigkeit eines Unternehmens, sich anzupassen und neu zu erfinden, der entscheidende Erfolgsfaktor sein. Die Gen Z, mit ihrer Offenheit für Wandel und ihrem Fokus auf Sinnhaftigkeit und Nachhaltigkeit, ist dabei eine unverzichtbare Partnerin. Unternehmen, die diese Partnerschaft ernst nehmen, werden nicht nur von der Kompetenzen und Werten dieser Generation profitieren, sondern auch die Grundlage für ihren langfristigen Erfolg legen.

11.3 Aufbau einer resilienten und zukunftsfähigen Organisation

Die Fähigkeit eines Unternehmens, nicht nur auf Herausforderungen zu reagieren, sondern sie proaktiv zu gestalten, ist der Schlüssel zu langfristigem Erfolg. Resilienz – die Widerstandsfähigkeit gegenüber äußeren und inneren Einflüssen – wird dabei zu einem entscheidenden Faktor. Doch was macht eine Organisation tatsächlich resilient und zukunftsfähig?

Eine wesentliche Grundlage ist eine klare und anpassungsfähige Unternehmenskultur. Unternehmen, die ihre Werte und Ziele nicht nur formulieren, sondern aktiv leben, schaffen eine stabile Basis, auf der sie auch in Krisenzeiten bestehen können. Diese Kultur muss jedoch flexibel genug sein, um sich veränderten Rahmenbedingungen anzupassen. Hier kommt die Gen Z ins Spiel: Mit ihrer Offenheit für Wandel, ihrer digitalen Kompetenz und ihrem Streben nach Sinnhaftigkeit treibt sie Innovation und Anpassung voran.

Ein weiterer wichtiger Aspekt ist die Förderung von Agilität. Resiliente Organisationen sind in der Lage, schnell auf Veränderungen zu reagieren, ohne dabei ihre langfristige Vision aus den Augen zu verlieren. Agile Strukturen, in denen Entscheidungsprozesse dezentralisiert und Teams eigenverantwortlich arbeiten, ermöglichen es Unternehmen, dynamisch auf neue Herausforderungen einzugehen. Die Gen Z ist bestens geeignet, in solchen Umgebungen zu arbeiten, da sie sich mit ihrer Flexibilität und Kreativität schnell an neue Gegebenheiten anpasst.

Technologie spielt ebenfalls eine zentrale Rolle beim Aufbau einer resilienten Organisation. Die Digitalisierung eröffnet nicht nur neue Möglichkeiten, sondern hilft Unternehmen auch, effizienter zu arbeiten und bessere Entscheidungen zu treffen. Datenanalyse, Künstliche Intelligenz und Automatisierung sind Werkzeuge, die Unternehmen nutzen können, um ihre Prozesse zu optimieren und Risiken frühzeitig zu erkennen. Allerdings darf die Technologie nicht als Selbstzweck gesehen werden – sie sollte stets den Menschen im Unternehmen dienen.

Ein oft übersehener Faktor für Resilienz ist die psychische und physische Gesundheit der Mitarbeitenden. Eine Organisation kann nur so stark sein wie die Menschen, die sie tragen. Unternehmen, die in das Wohlbefinden ihrer Mitarbeitenden investieren, fördern nicht nur die Motivation und Produktivität, sondern schaffen auch eine Kultur des Zusammenhalts und der Stabilität. Programme zur Stressbewältigung, flexible Arbeitszeiten und eine offene Kommunikationskultur sind nur einige Maßnahmen, die dazu beitragen können.

Nachhaltigkeit ist ein weiterer Baustein zukunftsfähiger Organisationen. Angesichts wachsender gesellschaftlicher und ökologischer Herausforderungen müssen Unternehmen Verantwortung übernehmen – nicht nur, weil es erwartet wird, sondern weil es langfristig ihren Erfolg sichert. Nachhaltige Geschäftsmodelle, die auf Ressourcenschonung und soziale Verantwortung setzen, sind nicht nur ethisch sinnvoll, sondern auch ökonomisch vorteilhaft. Die Gen Z, die diese Werte besonders hochhält, ist dabei eine treibende Kraft.

Schließlich ist der Aufbau einer resilienten Organisation ein kontinuierlicher Prozess. Es reicht nicht aus, einmalige Maßnahmen zu ergreifen – Unternehmen müssen bereit sein, sich ständig zu hinterfragen und zu lernen. Regelmäßige Feedbackschleifen, eine klare Kommunikation und die Einbindung der Mitarbeitenden in Entscheidungsprozesse sind essenziell, um auf dem richtigen Kurs zu bleiben.

Resilienz ist nicht nur eine Reaktion auf Krisen, sondern ein aktiver Gestaltungsprozess. Unternehmen, die diesen Weg gehen, schaffen nicht nur Stabilität, sondern legen auch die Grundlage für Innovation und Wachstum. Die Gen Z, mit ihrer frischen Perspektive und ihrem Engagement, ist dabei ein unverzichtbarer Bestandteil – nicht nur als Mitarbeitende, sondern als Gestalter:innen der Arbeitswelt von morgen.

Meine wichtigsten Notizen:

Meine wichtigsten Notizen:

KAPITEL 12:

Schlusswort: Die Arbeitswelt von morgen gestalten

12.1 Zusammenfassung der Schlüsselerkenntnisse

„Das Aus für HR!" – eine Aussage, die provoziert, aber gleichzeitig eine dringende Realität widerspiegelt. Die klassische Sichtweise auf Mitarbeitende als reine Ressourcen ist überholt. In einer Zeit, in der die Arbeitswelt durch tiefgreifende demografische, technologische und gesellschaftliche Veränderungen geprägt ist, reicht ein Verwaltungsansatz nicht mehr aus. Die Zukunft gehört der People Experience – einem Ansatz, der die Menschen ins Zentrum rückt und ihnen ermöglicht, ihr Potenzial voll zu entfalten.

Die Gen Z, als treibende Kraft dieses Wandels, fordert nicht nur Veränderungen, sondern inspiriert Unternehmen dazu, Arbeit neu zu denken. Diese Generation will nicht als Arbeitskraft betrachtet werden, sondern als Individuum, das mit seinen Zielen, Werten und Bedürfnissen ernst genommen wird. Dabei hat die Gen Z kein Problem mit Leistung – sie fordert lediglich ein Umfeld, in dem Sinnhaftigkeit, Wertschätzung und persönliche Entwicklung selbstverständlich sind.

Eine zentrale Erkenntnis dieses Buches ist, dass der Übergang von Human Resources zur People Experience kein reines Rebranding ist, sondern eine fundamentale Neuausrichtung erfordert. Unternehmen, die sich dieser Transformation stellen, profitieren in mehrfacher Hinsicht: Sie gewinnen nicht nur die besten Talente, sondern schaffen auch ein Arbeitsumfeld, das Kreativität, Innovation und Loyalität fördert.

New Work, agile Führung und wertebasierte Unternehmenskulturen bilden die Bausteine dieser neuen Arbeitswelt. Doch diese Ansätze sind kein Selbstzweck. Sie sind eine Antwort auf die veränderten Anforderungen einer Arbeitswelt, die immer flexibler, digitaler und gleichzeitig menschlicher wird. Die Gen Z, mit ihrer Offenheit für Veränderung und ihrer Fähigkeit, mit Technologien zu arbeiten, bringt die Voraussetzungen mit, um diesen Wandel aktiv mitzugestalten.

Die Digitalisierung liefert die Infrastruktur für diese Transformation. Sie eröffnet nicht nur neue Möglichkeiten für flexible Arbeitsmodelle, sondern hilft Unternehmen auch dabei, ihre Prozesse zu optimieren und datenbasierte Entscheidungen zu treffen. Doch die Gen Z erinnert uns daran, dass Technologie den Menschen unterstützen und nicht ersetzen soll. Unternehmen, die diese Balance meistern, schaffen eine Arbeitsumgebung, die Effizienz und Menschlichkeit in Einklang bringt.

Der demografische Wandel verstärkt die Dringlichkeit, die Gen Z für sich zu gewinnen. Mit Millionen Babyboomern, die in den nächsten Jahren in Rente gehen, und einer immer knapper werdenden Ressource Arbeitskraft wird deutlich: Die Gen Z ist nicht nur eine Option, sie ist unverzichtbar. Doch um diese Generation zu erreichen, reicht es nicht aus, Stellenanzeigen zu schalten. Unternehmen müssen sich aktiv um ihre Attraktivität bemühen, indem sie eine Unternehmenskultur schaffen, die zu den Werten und Bedürfnissen dieser jungen Talente passt.

Dabei geht es nicht nur um wirtschaftliche Notwendigkeiten. Die Integration der Gen Z und die Umstellung auf People Experience bieten auch die Chance, Unternehmen zukunftsfähig zu machen. Nachhaltigkeit, Diversität und eine klare Werteorientierung sind nicht nur Erwartungen der Gen Z, sondern auch Faktoren, die langfristig über Erfolg und Misserfolg entscheiden. Unternehmen, die bereit sind, sich diesen Themen zu stellen, sichern nicht nur ihren Platz in der Zukunft, sondern gestalten diese aktiv mit.

Die wichtigste Erkenntnis lautet: Der Wandel von HR zu People Experience ist kein „Nice-to-have", sondern eine grundlegende Voraussetzung, um in einer sich wandelnden Arbeitswelt zu bestehen. Wer diesen Schritt wagt, wird nicht nur die besten Talente anziehen und binden, sondern auch Innovationskraft und Wettbewerbsfähigkeit langfristig sichern.

Die Zukunft der Arbeit ist kein ferner Horizont – sie ist bereits hier. Sie gehört den Unternehmen, die den Mut haben, den Menschen in den Mittelpunkt zu stellen, alte Muster aufzubrechen und neue Wege zu gehen. Es ist Zeit, sich dieser Herausforderung zu stellen und die Arbeitswelt von morgen aktiv zu gestalten.

12.2 Der Weg nach vorn: Handlungsaufforderungen

Die Herausforderungen der modernen Arbeitswelt sind komplex, doch sie bieten Unternehmen enorme Chancen, die Zukunft aktiv zu gestalten. Der Schlüssel liegt in konkretem Handeln: Die Erkenntnisse aus diesem Buch müssen in die Praxis umgesetzt werden, damit sie Wirkung zeigen.

Der Weg nach vorn beginnt mit einem Perspektivwechsel. Statt Mitarbeitende als Ressource zu sehen, müssen Unternehmen sie als Persönlichkeiten wahrnehmen – als Menschen mit einzigartigen Fähigkeiten, Zielen und Bedürfnissen. Was treibt sie an? Was brauchen sie, um ihr volles Potenzial zu entfalten? Diese Fragen zu beantworten, erfordert eine Kultur des Zuhörens, des Respekts und der Offenheit. Führungskräfte spielen dabei eine zentrale Rolle. Sie müssen sich von reinen Kontrollinstanzen zu Coaches entwickeln, die ihre Teams befähigen und inspirieren.

Doch nicht nur die Führung, sondern die gesamte Organisation muss sich neu ausrichten. Das bedeutet, starre Prozesse und Hierarchien aufzubrechen und agile Strukturen zu schaffen, die Flexibilität und Eigenverantwortung fördern. Mitarbeitende sollten die Freiheit haben, Entscheidungen innerhalb klarer Rahmenbedingungen eigenständig zu treffen. Gleichzeitig braucht es regelmäßiges Feedback, das nicht nur auf Leistung abzielt, sondern auch persönliche Entwicklung und Wertschätzung in den Fokus rückt.

Ein weiteres zentrales Thema ist die Digitalisierung. Unternehmen, die digitale Tools und Plattformen sinnvoll integrieren, schaffen nicht nur effizientere Prozesse, sondern auch ein Umfeld, das der Gen Z entgegenkommt. Von virtuellen Kollaborationstools bis hin zu datengetriebenen Personalstrategien – die Möglichkeiten sind vielfältig. Doch Technologie ist kein Selbstzweck: Sie sollte stets so gestaltet sein, dass sie den Menschen unterstützt und ihnen den Arbeitsalltag erleichtert.

Darüber hinaus müssen Unternehmen die Bedürfnisse der Gen Z ernst nehmen, insbesondere ihren Wunsch nach Sinnhaftigkeit, Nachhaltigkeit und Diversität. Employer Branding und interne Kommunikationsstrategien sollten diese Werte nicht nur transportieren, sondern authentisch leben. Die Gen Z hat ein feines Gespür dafür, ob ein Unternehmen wirklich hinter seinen Aussagen steht. Authentizität ist daher entscheidend, um Vertrauen aufzubauen – und langfristig zu halten.

Der demografische Wandel macht es zudem notwendig, aktiv in den Nachwuchs zu investieren. Das bedeutet nicht nur, junge Talente zu gewinnen, sondern sie durch Weiterbildungsprogramme, Mentoring und klare Karrieremöglichkeiten langfristig zu binden. Gleichzeitig sollten Unternehmen Diversität in allen Dimensionen fördern – von kultureller Vielfalt über verschiedene Lebensentwürfe bis hin zu inklusiven Arbeitsmodellen.

Dieser Wandel erfordert Mut. Mut, alte Strukturen infrage zu stellen und neue Wege zu gehen. Mut, die eigenen Mitarbeitenden zuzuhören und ihre Perspektiven ernst zu nehmen. Und vor allem: Mut, Fehler zu machen und daraus zu lernen. Die Gen Z verzeiht Fehler – aber sie verzeiht keine Ignoranz.

Am Ende ist klar: Der Wandel ist unvermeidlich. Doch Unternehmer haben die Wahl, ob sie ihn passiv erleiden oder aktiv gestalten wollen. Die Gen Z ist nicht nur ein Teil dieses Wandels – sie ist sein Motor. Wer diesen Motor zum Laufen bringt, schafft nicht nur eine Arbeitswelt, die für die Herausforderungen von morgen gerüstet ist, sondern auch ein Unternehmen, das innovativ, resilient und erfolgreich bleibt.

12.3 Die Bedeutung der Gen Z für den Arbeitsmarkt

Der Arbeitsmarkt steht vor einer massiven Transformation, die nicht nur einzelne Unternehmen, sondern die gesamte Wirtschaft betrifft. In den nächsten Jahren werden große Teile der Babyboomer-Generation in Rente gehen und damit eine Lücke hinterlassen, die mit herkömmlichen Ansätzen kaum zu schließen sein wird. Die Machtverhältnisse auf dem Arbeitsmarkt haben sich längst verschoben: Es sind nicht mehr die Arbeitgebenden, die die Bedingungen diktieren, sondern die Arbeitnehmenden, die immer mehr den Takt vorgeben. Für Unternehmen bedeutet das, dass sie ihre Strategien anpassen müssen – nicht nur, um Talente zu gewinnen, sondern um sie langfristig zu binden.

Gleichzeitig birgt diese Veränderung enorme Chancen. Die Gen Z bringt Fähigkeiten und Denkweisen mit, die in einer digitalisierten und globalisierten Welt unverzichtbar sind. Ihre technologischen Kompetenzen, ihre Innovationsfreude und ihr Sinn für Nachhaltigkeit und gesellschaftliche Verantwortung eröffnen Unternehmen neue Möglichkeiten, sich weiterzuentwickeln und zukunftsfähig zu bleiben. Doch diese Potenziale können nur dann ausgeschöpft werden, wenn Unternehmen bereit sind, sich aktiv mit den Bedürfnissen und Werten dieser Generation auseinanderzusetzen. Die Gen Z möchte nicht bloß arbeiten – sie möchte Teil von etwas Größerem sein, Sinn in ihrem Tun finden und in einem Umfeld tätig sein, das ihre individuellen Stärken fördert.

Der Druck auf Unternehmen, diese Ansprüche zu erfüllen, ist größer denn je. Wer die Bedürfnisse der Gen Z ignoriert, läuft Gefahr, im Wettbewerb um die besten Talente zurückzufallen. Besonders deutlich zeigt sich dies bei den sogenannten „High Potentials" – den besonders gut ausgebildeten und begehrter jungen Fachkräften. Sie können sich heute aussuchen, für welches Unternehmen sie arbeiten möchten, und bevorzugen solche, die ihre Werte teilen, authentisch kommunizieren und ihnen Perspektiven bieten. Unternehmen, die diese Anforderungen nicht erfüllen, werden nicht nur Schwierigkeiten haben, neue Talente zu gewinnen, sondern auch bestehende Mitarbeitende halten.

Doch die Bedeutung der Gen Z geht weit über die einzelner Unternehmen hinaus. Für die deutsche Wirtschaft insgesamt ist es essenziell, diese Generation für sich zu gewinnen. Die jungen Talente besitzen wertvolles Wissen und Fähigkeiten, die andere Generationen in diesem Umfang nicht mitbringen – insbesondere im Umgang mit digitalen Technologien und der Adaption neuer Arbeitsmethoden. Wenn es deutschen Unternehmen nicht gelingt, attraktive Arbeitsbedingungen zu schaffen, wird die Gen Z ihre Fähigkeiten woanders einbringen. In einer zunehmend globalisierten Welt, in der Fachkräfte immer mobiler werden, droht ein „Brain Drain", bei dem die besten Köpfe ins Ausland abwandern. Länder, die frühzeitig verstanden haben, wie wichtig es ist, die Bedürfnisse der jungen Generation zu erfüllen, könnten von diesem Trend profitieren – auf Kosten der deutschen Wirtschaft.

Daher reicht es nicht aus, die eigene Unternehmenskultur und das Mindset nur punktuell anzupassen. Es bedarf eines grundlegenden Wandels, der alle Bereiche der Organisation erfasst. Unternehmen müssen erkennen, dass die Gen Z nicht einfach eine weitere Generation auf dem Arbeitsmarkt ist, sondern Treiber einer neuen Arbeitswelt. Ihre Werte und Erwartungen spiegeln nicht nur ihre eigenen Bedürfnisse wider, sondern setzen auch Maßstäbe für die nachfolgenden Generationen. Nachhaltigkeit, Diversität, Flexibilität und Sinnstiftung werden in Zukunft keine optionalen Aspekte mehr sein, sondern fundamentale Bestandteile eines erfolgreichen Unternehmens.

Für die deutsche Wirtschaft liegt hierin eine enorme Chance: Unternehmen, die sich auf die Gen Z einlassen und ihre Ansprüche ernst nehmen, können nicht nur Talente gewinnen, sondern auch die Grundlage für langfristiges Wachstum und Innovationskraft schaffen. Diese Generation bringt frische Ideen und neue Perspektiven mit, die Unternehmen dabei helfen können, sich an die Herausforderungen einer sich schnell verändernden Welt anzupassen. Gleichzeitig stärken sie durch ihre Werte die Glaubwürdigkeit und Attraktivität der deutschen Wirtschaft im internationalen Wettbewerb.

Es ist höchste Zeit, dass sich alle Unternehmer:innen intensiv mit der Gen Z auseinandersetzen und ihre Unternehmen neu ausrichten. Der Wandel mag herausfordernd sein, doch die Alternative – Stillstand und der Verlust wertvoller Talente – ist keine Option. Die Gen Z ist nicht nur eine Chance für die deutsche Wirtschaft, sondern eine Notwendigkeit, um in einer dynamischen und globalisierten Welt bestehen zu können.

12.4 Abschlussgedanken: Die Arbeitswelt, die wir gestalten wollen

Die Arbeitswelt von morgen ist kein abstraktes Konstrukt – sie entsteht heute, durch die Entscheidungen, die wir treffen, und die Wege, die wir einschlagen. Mit der Gen Z steht eine Generation bereit, die nicht nur fordert, sondern auch gestaltet. Sie bringt frische Perspektiven, klare Werte und eine enorme Bereitschaft mit, die Arbeitswelt zu verbessern. Doch diese Generation kann ihre Potenziale nur entfalten, wenn Unternehmen den Mut haben, ihre Strukturen und Denkmuster zu hinterfragen und neu auszurichten.

Das Aus für HR ist keine Untergangsstimmung, sondern eine Einladung, die Zukunft der Arbeit aktiv in die Hand zu nehmen. Die People Experience ist der Schlüssel zu dieser Zukunft: Sie fordert von Unternehmen, den Menschen ins Zentrum zu stellen – mit all seinen Bedürfnissen, Zielen und Stärken. Das bedeutet, sich von starren Hierarchien zu lösen, Flexibilität zu schaffen und vor allem zuzuhören.

Die Gen Z zeigt uns, wie Arbeit sein kann: Sinnhaft, dynamisch und menschenzentriert. Sie verlangt nicht Perfektion, sondern Authentizität. Unternehmen müssen nicht alles sofort richtig machen, aber sie müssen den Willen zeigen, sich zu entwickeln und mit ihren Mitarbeitenden zu wachsen. Der erste Schritt ist dabei oft der schwerste – aber auch der Wichtigste.

Doch diese Transformation geht über einzelne Unternehmen hinaus. Es geht darum, eine Arbeitskultur zu schaffen, die den Menschen als Ganzes sieht. Eine Kultur, die Respekt, Offenheit und Weiterentwicklung fördert und sich nicht vor Veränderung scheut. Die Gen Z erinnert uns daran, dass Arbeit nicht nur ein Mittel zum Zweck ist, sondern ein Teil des Lebens, der erfüllt und bereichert.

Dieses Buch hat die Grundlagen gelegt. Es zeigt, was sich ändern muss, warum sich etwas ändern muss und welche Chancen diese Veränderungen mit sich bringen. Doch wie genau man die Transformation im eigenen Unternehmen umsetzt, ist eine Frage, die tiefer geht – und die ich mit der GEN '21 Academy beantworten möchte. In der Academy lernen die Teilnehmenden Schritt für Schritt, wie sie den Wandel von HR zu People Experience vollziehen können. Sie erfahren, wie sie authentisches Employer Branding betreiben, das speziell auf die Generation Z zugeschnitten ist, und wie sie sich als attraktiver Arbeitgeber positionieren können. Während dieses Buch die „Was"-Fragen beantwortet, zeigt die GEN '21 Academy das „Wie". Sie ist eine praxisnahe Anleitung, die Unternehmer:innen und Führungskräften das Wissen und die Werkzeuge an die Hand gibt, um ihre Organisationen zukunftsfähig zu machen.

Alle Leser:innen dieses Buches haben die Möglichkeit, die Academy zum unschlagbaren Vorteilspreis zu bekommen. Informiere dich hier: academy.gen-21.de
Mit dem Rabattcode „BUCH20" erhältst du 20% Rabatt auf die Academy.

Erfahre, wie du dein gewonnenes Wissen umsetzen kannst >>>

Es liegt in den Händen der Unternehmer:innen und Führungskräfte, wie die Arbeitswelt von morgen aussieht. Der Wandel mag herausfordernd sein, aber er bietet auch enorme Möglichkeiten. Unternehmen, die bereit sind, die Generation Z nicht nur als Arbeitskräfte, sondern als Partner in der Gestaltung dieser neuen Arbeitswelt zu sehen, werden davon profitieren – nicht nur durch Innovationen, sondern auch durch Loyalität und eine Unternehmenskultur, die begeistert.

Abschließend bleibt mir nur zu sagen: Wir stehen an einem Wendepunkt. Die Gen Z bringt frischen Wind in die Arbeitswelt, und es liegt an dir, diesen Wind zu nutzen, um etwas Großes zu schaffen. Mit Offenheit, Respekt und der Bereitschaft, zuzuhören, können wir gemeinsam eine Arbeitswelt gestalten, die auf Vertrauen, Wertschätzung und Sinnhaftigkeit basiert. Eine Arbeitswelt, die nicht nur den Anforderungen von heute gerecht wird, sondern auch den Herausforderungen von morgen standhält.